System Denken

Wolfgang Sappert

System Denken

PETER LANG
Frankfurt am Main · Berlin · Bern · Bruxelles · New York · Oxford · Wien

Bibliografische Information der Deutschen Nationalbibliothek
Die Deutsche Nationalbibliothek verzeichnet diese Publikation in
der Deutschen Nationalbibliografie; detaillierte bibliografische
Daten sind im Internet über <http://www.d-nb.de> abrufbar.

Umschlaggestaltung:
Atelier Platen, nach einem Entwurf des Autors.

ISBN 978-3-631-56893-4
© Peter Lang GmbH
Internationaler Verlag der Wissenschaften
Frankfurt am Main 2007
Alle Rechte vorbehalten.

Das Werk einschließlich aller seiner Teile ist urheberrechtlich
geschützt. Jede Verwertung außerhalb der engen Grenzen des
Urheberrechtsgesetzes ist ohne Zustimmung des Verlages
unzulässig und strafbar. Das gilt insbesondere für
Vervielfältigungen, Übersetzungen, Mikroverfilmungen und die
Einspeicherung und Verarbeitung in elektronischen Systemen.

www.peterlang.de

Inhalt

Denken gedacht – Eine Einführung 9

Was wiederkehrt hat sich bewährt 20
Der Algorithmus 20
Algorithmen – routinierte Handlungen 21
Handlungsvorschrift Algorithmus............................... 23
Der Algorithmus als Spiegel der Struktur.................. 25
Algorithmische Verhaltensregelung 26
Andere Wege – alternative Algorithmen 29

Der Weg führt zum Ziel 33
Algorithmus des Denkens 33
Organisation kognitiver Prozesse 37
Effizientes Denken durch bewusstes
Algorithmisieren 40
Wahrnehmen 41
Aufmerksamkeit versus Konzentration 43
Betrachten 46
Beobachten 48
Begreifen und Anwenden 49
Zyklus Denken.. 50

Eine andere Kategorie – Intuitives Fragen 52
Wahrnehmen in Kategorien 52
Geschichte der Kategorien 55
Kategorisieren als Weg
zum systematischen Denken 57

Kategorien als Urteilstafel 59
K-Wert als Maß für die Struktur der Gedanken 63
Grenzen der Kategorisierung 66

Nichts ist so stetig wie der Wechsel 70
Der Antrieb für das produktive Denken 70
Ästhetische Prozesse – produktives Denken 74
Heraklit und der Fluss des Widerspruches 74
Ästhetische Prozesse als Urgrund aller Vielfalt 76
Denken – ein Prozess der Widersprüche 78
Duplizitäre ästhetische Kräftepaare 80
Ästhetische Prozesse als mathematische Operation 82
Radiale- Initiator der Entwicklung 83
Radiale des Größer- und Kleinerwerdens 84
Radiale des Bindens und Lösens 87
Radiale des Angleichens und Unterscheidens 89
Radiale des Zunehmens und des Abnehmens 91

Der Weg aus dem Chaos..93
Ordnung- die Organisation der Vielfalt...................93
Ausgleich zur bestehenden Unordnung..................95
Ordnung als Maß der Information..........................96
Keine Ordnung ohne Unordnung............................97
Ordnung als Ausdrucksform 99
Wahrnehmen ist ordnen 100

Achtfaches Ordnen 104
Zuordnen..104
Einordnen...105
Überordnen 106

Unterordnen 107
Vorordnen 109
Nachordnen 109
Anordnen 111
Beiordnen 112

Literatur 113

Denken gedacht
- Eine Einführung

„Zweifellos verstößt die Wirkung der Nervenzellen nicht gegen Gesetze der Chemie und die der Impulse der Nervenbahnen nicht gegen die Physik, aber es muß etwas zu unserer Wissenschaft hinzukommen, damit wir diese subtilen Erscheinungen erklären können."
William Jevons (1873)[1]

Das „Etwas", was nach William Jevons hinzukommen muss, um bestimmte Erscheinungen erklären zu können, veranlasste den Verfasser, sich mit den kybernetischen Abbildungsverfahren zu befassen. Hier wird das „Etwas" beschrieben, was die Erscheinungen der versteckten Strukturen des Denkens zeigen kann. Beispielsweise wird beim Schreiben von Texten in unserem Gehirn eine Vielzahl neuronaler Impulse umgesetzt. Zwischen den beiden Hirnhälften werden diese Impulse in Bruchteilen von Sekunden ausgetauscht. Dabei spielen Kreativität, Erfahrung, Analyse und Emotionen eine große Rolle. Einige Impulsketten überschreiten die Schwelle zum Bewusstsein und werden uns als Gedanken in Form von Bildern oder Worten präsentiert. Während ein Text ge-

---

[1] Angabe nach John D. Barrow, *Theorien für Alles. Die philosophischen Ansätze der modernen Physik* (Heidelberg: Spektrum Akademischer Verlag, 1992), S. 178.

schrieben wird, laufen im Gehirn der Autoren neuronale Prozesse ab, die den Text „formulieren". Aufgrund dieser neuronalen Prozesse werden die Gedanken als Sprachzeichen miteinander kombiniert und als Schriftzeichen im Text fixiert. Diese neuronalen Prozesse sind in der Struktur des Textes hinterlegt. Sie sind um so klarer, je ausführlicher der Text ist. Eine klare, eindeutige Sprache für den Umgang mit Phänomenen bietet die Mathematik. So steht auch die Mathematisierung der Vorgänge des Denkens im Vordergrund, wenn es darum geht den Prozess des Denkens zu beschreiben. Die Mathematisierung erfolgt hier Mittels der Beschreibung und Anwendung von Algorithmen. Die in den einzelnen Kapiteln beschriebenen kybernetischen Abbildungen erfordern allerdings keine besonderen mathematischen Kenntnisse. Die Kybernetik ist ein wissenschaftsübergreifender Abbildungsweg, mit dem die Inhalte der Geisteswissenschaften durch die Objektivation menschlichen Handelns und Denkens gezeigt werden. Die Objektivation menschlichen Handelns und Denkens wird über den kybernetischen Abbildungsweg geführt. Entscheidend auf dem kybernetischen Abbildungsweg sind die Kalkülisierung und der Einsatz der Mathematik. So wie die Naturwissenschaften versuchen, Gesetzmäßigkeiten in den verborgenen Ordnungen der Objekte zu erkennen, so untersucht die Kybernetik die Gesetzmäßigkeiten des Denkens und des menschlichen Verhaltens. In der Kybernetik des Denkens wird eine Struktur abgeleitet, welche die verborgene und umfassende Ordnung von neuronalen Prozessen sichtbar werden lässt. Produkte des menschlichen Gehirns sind ein bestimmtes Erzeugnis neuronaler Aktivitäten. Die Existenz eines jeden menschlichen Werkes sagt aus, dass eine Gehirnaktivität stattgefunden hat. In diesem Sinne können alle Produkte menschlichen Denkens als Bilder neuronaler Tätigkeiten ausgelegt werden. Aussagen über die Gehirnaktivitäten während des Denkens liefern die formalen Zusammenhänge in den Produkten des Denkens selbst. Beispielsweise basiert ein gesprochenes oder geschriebenes Wort auf einer komplexen Gehirnaktivität, jeder Satz auf einer Verbindung komplexer Gehirnaktivitäten und schließlich jeder Text oder jedes Gespräch auf einer ganzen Reihe von Verbindungen komplexer Gehirnaktivitäten. Jost beschreibt in seiner Abhandlung die Grenzen der Kombination von theoretischen Analysen und Computersimulationen neuronaler Netze wie folgt:

„Aber die wirklich fundamentalen Strukturen der Gehirntätigkeit bleiben zur Zeit noch außer Reichweite dieser Modelle. Offen bleiben insbesondere alle Fragen nach der Natur eigenständiger Denkleistungen, also beispielsweise von Abstraktionsprozessen wie der Bildung von Kategorien zur Klassifizierung und Bewertung von Außenreizen, oder gar nach der Natur des Bewußtseins."[2]

---

[2] Jürgen Jost, *Mathematische Ansätze in der Kognitionsforschung*, 1996 (in: Gebhard Rusch; Siegfried J. Schmid; Olaf Breidbach [Hgg.]: Interne Repräsentationen, Neue Konzepte

Die Frage, wie Kategorien gebildet werden, wird im Rahmen der vorliegenden Veröffentlichung nicht beantwortet – aber es wird gezeigt, dass Kategorienbildungen im kognitiven Prozess des Denkens eine Bedeutung besitzen. Gehirnaktivitäten führen zu Gedanken. Denken ist ein Verfahren, mit dem die einzelnen Gedanken organisiert werden. Wie alle Verfahren lässt sich auch das Denken in einem Algorithmus formulieren. Denken bedeutet auch Informationen verarbeiten.

Das Gehirn verarbeitet Informationen algorithmisch, indem die Informationen reduziert werden, um diese auswerten zu können. Das Bewusstsein präsentiert uns nur einen Bruchteil der Wirklichkeit. Auf diese Art und Weise verarbeitet das Gehirn nur die Informationen aus der unbegrenzten Anzahl aller möglichen Informationen, die nötig sind, um einen Sachverhalt zu erfassen. Der Algorithmus des Denkens führt somit zu einer Reduzierung der Informationsverarbeitung auf ein nötiges Maß. Diese neuronalen Aktivitäten sind in allen Produkten menschlichen Denkens gespeichert, die hier auf ein einfaches Entstehungsmuster sämtlicher natürlicher Entwicklungen zurückgeführt werden. Die radikale Vereinfachung und Vereinheitlichung der Entstehungsgesetze in der Natur zu einem Entstehungsmuster basiert auf die

---

der Hirnforschung, Frankfurt am Main: Suhrkamp, 1996), S. 185.

von Schmid[3] [basic instinct, 1994] beschriebenen drei informationellen Kräfte, die in diesem Band als geistige Prozesse gezeigt werden:

1. Kategorien oder kategorische Kräfte
2. ästhetische Kräfte
3. Ordnungen oder logische Kräfte

Der kognitive Prozess „Denken" wird mithilfe von Kategorien, ästhetischer Kräfte und Ordnungen beschrieben. Nur als eine Einheit sind die Kategorien, die ästhetischen Kräfte und die Ordnungen als ein umfassendes Verfahren zur Darstellung des Denkens zulässig. Sie bilden die Grundlage für ein Design zur Darstellung von Gedanken, mit dessen Hilfe eine Momentaufnahme des Denkens ermöglicht wird. Ein Gedanke ist ein in sich geschlossener, komplexer Teil einer gesamten Einheit. Jeder Gedanke hat für

---

[3] Schmid, W. F.: *basic instinct. Anleitung zum schöpferischen Denken.* Weinheim: Beltz Athenäum Verlag, 1994, S. 56: Die informationellen Kräfte stehen dem menschlichen Gehirn zur Verfügung, um die Gedanken gestalten zu können. Schmid bezeichnet den Urzustand als Identität von Sein und Werden. Die harmonische Ausprägung der Kräfte ermöglicht in diesem Zustand das Entstehen sämtlicher Wirklichkeit.

Schmid, W. F.: *Spielregeln des Erfolgs. Dreiplusneun – wie das Gehirn auf Touren kommt*, 2001, S. 155: Gedanken sind bestimmte Momente, die durch das Zusammenspiel ästhetischer, logischer und kategorischer Kräfte bestimmt sind. *„Gedanke, das ist ein Moment des Denkens. Als solcher erscheint ein bestimmter Gedanke als Modul."*

sich eine Bedeutung und bildet eine abgeschlossene Funktionseinheit. Der Gedanke schließt mit dem Kalkül. Kalkülisieren meint in diesem Zusammenhang, den Gedanken klar und deutlich zum Ausdruck zu bringen. Die Äußerungen können unterschiedlicher Art und Weise sein. Der Mathematiker äußert ein Kalkül durch eine Formel, der Künstler durch ein Kunstwerk und der Schriftsteller durch einen Text. Das Kalkül unterscheidet sich dabei von einer Beschreibung durch seine vereinfachte und komprimierte Darstellung des vollständigen Zusammenhangs. In dem Kalkül müssen alle kognitiven Prozesse enthalten sein. Der vollständige Gedanke besteht auch nur dann, wenn dieser vollständig geäußert werden kann. Diese Vollständigkeit unterliegt einer Einschränkung: Die Dimensionen der kognitiven Prozesse sind zwar bei allen Handlungen vollständig belegt, gelangen jedoch nicht immer vollständig ins Bewusstsein; das gilt beispielsweise für Routinen. Erst in bestimmten Momenten des Denkens, z.B. nur bei einer Entdeckung, einer Definition oder bei der Erklärung eines Sachverhalts, ist die Vollständigkeit aller kognitiven Prozesse im Bewusstsein präsent. Die Verbindung zwischen dem Produkt des menschlichen Denkens und dem Denken selbst wird durch die ermittelte Struktur des Produktes hergestellt. Würden sich die einzelnen kognitiven Dimensionen nicht verändern, so wäre Denken kein Prozess, sondern ein statisches Moment. Der Idealfall einer Gedankenkette entspricht einer Kette von vollständigen Gedanken. Die Kombinationen der einzelnen Elemente aus Ordnungen, ästhetischer Kräfte und Kategorien ermöglicht darüber hinaus eine Darstellung von Operationen des Denkens. Zum Gegenstand der Pädagogik gehört die Art und Weise der Vermittlung von Informationen: Unterricht ist das Anbieten von Informationen. Wird die Arbeitsweise des Gehirns nicht beachtet, kommt es zu Schwierigkeiten in Vermittlungsprozessen, die wir in bestimmten Zusammenhängen auch als Unterricht bezeichnen. Unterricht ist die vollständige Belegung der Kategorien, ästhetischen Kräfte und Ordnungen. Der Lehrende muss in der Lage sein, einen Gedanken vollständig zu formulieren. Das Ziel des Unterrichts muss sein, dem Lernenden (Schüler) zu helfen, diesen Gedanken vollständig nachzuvollziehen. Das heißt aber nicht, dass der Lehrende den Lernenden den vollständigen Gedanken präsentieren muss. Vielmehr sollte der Lehrende die Lernenden soweit anleiten, dass diese einen unvollständigen Gedanken selbständig zu einem vollständigen Gedanken ergänzen können. Hierbei ist zu beachten, dass sich die sprachliche Ausdrucksfähigkeit bei Lernenden und Lehrenden unterscheiden kann. Der sprachliche Ausdruck spiegelt den subjektiven Aspekt der Betrachtung wider. Das heißt, dass ein vollständiger Gedanke zu einem Begriff bei zwei Individuen auch zwei individuelle Inhalte haben kann. Beide haben den vollständigen Gedanken – trotz inhaltlicher Differenzen – korrekt ausgeführt, wenn sie diesen auch klar und vollständig äußern können. Jedes Phänomen unterliegt dem Prozess des Werdens. So wie wir ein Phänomen durch die verklärende Brille der subjektiven menschlichen Wahrnehmung als Erscheinung erkennen, erfassen wir nur einen kleinen Bereich dieser Erscheinung. Oft erkennen wir nur die materielle Komponente einer Erscheinung, die aber insgesamt vier Seinsgrade innerhalb des Werdensprozesses durchläuft. Die vier Seinsgrade beschreibt Schmid als Erfahrungen unterschiedlichen Wahrheitsgehaltes:

> „mögliche Möglichkeiten (Intuitionen bzw. Ideen), wirkliche Möglichkeiten (Betrachtung von Vorgängen, die für eine Abbildung oder Definition interessant erscheinen), mögliche Wirklichkeiten (Entwürfe für Bilder oder Begriffe), wirkliche Wirklichkeiten (endgültige Fassung von Bildern oder Begriffen als Handlungsvorlagen)." [4]

Der Prozess des Werdens ist ein natürlicher Prozess, der für alle Bereiche und Elemente Gültigkeit besitzt. Im Bereich des sinnlich Wahrnehmbaren, der Physik, vollzieht sich dieser Prozess durch die Überwindung der Zustände Nichtig, Nichts, Sein und Werden[5].

---

[4] Vgl.: Wolfgang F. Schmid, *basic instinct. Anleitung zum schöpferischen Denken. – Ein Organisationssystem zur Entdeckung und Gestaltung von Denkprozessen und deren Umsetzung in Handlungsformen*. Weinheim: Beltz-Atheneum, 1994, S. 149 f.

[5] Beachte: 'Werden' tritt in zweifacher Wirkung auf.
 1. Werden als die Bezeichnung für den Prozess.
 2. Werden als die Bezeichnung für den Zustand in diesem Prozess. In der folgenden Betrachtung wird der Zustand

Phänomen

WERDEN ↑
(Materie)
SEIN
NICHTS
NICHTIG

Das **Nichtig** beschreibt den Anfangszustand aller natürlichen Prozesse und ist unabhängig von dem speziellen „Produkt" des Phänomens. Es gibt keine Einschränkungen beliebiger Art. Alles ist zugelassen, nur der Ausschluss ist ausgeschlossen. Das Nichtige steht für den Bereich: **Mögliche Möglichkeiten**. Dieser Zustand wird durch das Chaos initiiert, welches durch den Zufall geordnet wird. Der Zustand der möglichen Möglichkeiten ist der Spielplatz der ästhetischen Kräfte der Natur. Das Spielen der ästhetischen Kräfte ist eine notwendige Voraussetzung für das Fortschreiten im Prozess des Werdens.

Das **Nichts** erscheint erst nach der Überwindung des Nichtigen und beschreibt den Bereich: **Wirkliche Möglichkeiten**. Dieser Zustand ist die zweite Stufe im Prozess des Werdens und legt die Basis für den Aufbau des konkreten Phänomens. Die Wirkung (wozu?)

Werden durch Materie (eine besondere Form des Werdens) ersetzt, um Missverständnisse zu vermeiden.

des Nichts ist die Seinsbildung. Die Seinsbildung vollzieht sich durch das Ordnen mit Hilfe der logischen Kräfte der Natur. Die Kriterien und die Qualität der Ordnung sind in der Natur durch die Evolution und beim Menschen durch die Intelligenz bestimmt.

Das **Sein** ist die dritte Stufe des Werdens und beschreibt den Zustand: **Mögliche Wirklichkeit**. Dieser Zustand ist aufgrund der Wirklichkeit tatsächlich vorhanden, aber durch das Attribut der Möglichkeit bleibt dieser Zustand entweder im sinnlich nicht Vernehmbaren oder beschreibt einen konkreten Gegenstand in der Phase einer ersten Designstudie. Im Zustand des Seins erfragt die gestalterische Kraft der Natur die Kategorien, fixiert durch die zwölf Fragepronomen.

Das **Werden**, bzw. die **Materie** als eine besondere Form des Werdens, ist das Produkt in diesem Prozess. Das Werden, nicht als Prozess, sondern als Produkt beschreibt den Zustand der **Wirklichen Wirklichkeit**. Die Erscheinung des Werdens ist wie oben erwähnt sehr unterschiedlich. Werden kann als Materie, als Wesen, oder als Produkt eines Wesens in Form eines Textes oder als das Resultat einer möglichen Rechnung erscheinen. Das Werden ist das Streben der Natur nach Harmonie (Ausgleichen der Gegensätze). Der Prozess des Werdens kann in jeder Stufe Störungen unterliegen, die den Prozess stetig wiederholen lassen. Geregelt wird dieser Prozess durch das Chaos, d.h. durch den Zufall. Das Werden wird dann zu einem Kreisprozess:

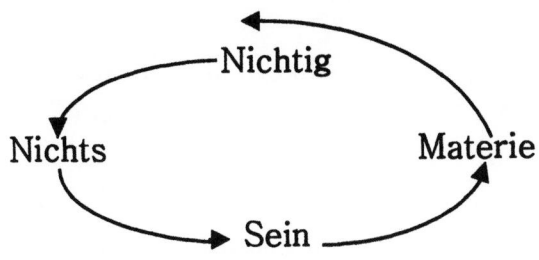

Der Prozess des Werdens lässt den Rückschluss auf die Struktur des Denkens zu.

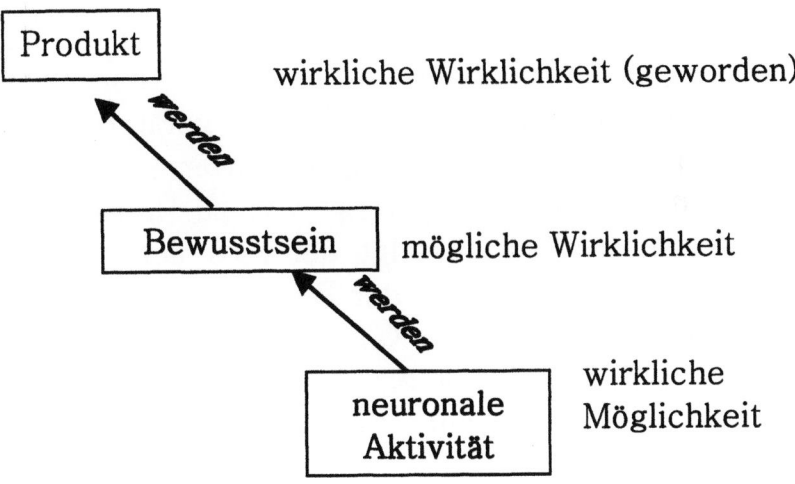

Was wiederkehrt hat sich bewährt

Der Algorithmus

Was haben z.B. das Busfahren, das Telefonieren und das Verfassen von Texten gemeinsam? Es sind Handlungen, die als algorithmische Verfahren beschrieben werden können. Der Begriff Algorithmus geht auf den arabischen Mathematiker Al-Chwarizmi zurück, der im 9. Jahrhundert am Hofe des Kalifen von Bagdad seine mathematischen Werke schrieb. Algorithmus bedeutet heute ganz allgemein ein wiederholt ausführbares Rechenverfahren.

Algorithmische Verfahren müssen, um erfolgreich ausgeführt zu werden, in Schritte zerlegt und in der richtigen Reihenfolge „abgearbeitet" werden. Wenn ein Schritt ausgelassen wird, kommt es zu Störungen im Ablauf und das angestrebte Ziel ist gefährdet. Es wird nur durch Umwege oder gar nicht erreicht. Wer in dem Algorithmus „Busfahren" von zu Hause zum Büro nicht in den Bus einsteigt, der wird nicht pünktlich im Büro erscheinen, da der Bus ohne ihn abfährt. Wer in dem Algorithmus „Kaffee kochen" nicht die Filtertüte in den Filter einlegt, bevor das Kaffeepulver eingefüllt wird, der wird sein *Gebräu* kaum genießen können.

Algorithmen – routinierte Handlungen

In der Kybernetik findet eine Auseinandersetzung mit den Algorithmen von Steuerungs- und Regelungssystemen statt. Algorithmen können grundsätzlich angewandt werden, wenn Prozesse oder Verfahren detailliert gezeigt werden sollen. Die Systematik der Prozesse und Verfahren enthält Hinweise auf ihre Regelung bzw. Steuerung. Unter diesem Aspekt wird deutlich, dass das Beschreiben von der Systematik von Prozessen durch Algorithmen für die Kybernetik von besonderem Interesse ist. Im Rahmen der Human-Kybernetik, das ist die Lehre von den Regelungsprozessen im menschlichen Körper, interessieren vor allem Algorithmen der Regelung. Für praktische Prozesse genügt dann oft schon eine näherungsweise Darstellung. Für die Darstellung von Gehirnaktivitäten bzw. neuronalen Prozessen wird im Kapitel „Der Weg führt zum Ziel" ein Algorithmus des Denkens vorgestellt. Ein Algorithmus beschreibt eine detaillierte Abfolge von Handlungsschritten, die beliebig wiederholt, zu demselben Ergebnis führen. Aus dieser Beschreibung eines Algorithmus ist erkennbar, dass sich Algorithmen zur Abbildung von Prozessen eignen.

- Die Steuerung bzw. Regelung von Prozessen verläuft oft algorithmisch. Diese Algorithmen sind von besonderem Interesse für die Kybernetik.

- Alltägliche Handlungen – vom Kochen des Kaffees bis zum Putzen der Zähne – werden nach einem Algorithmus ausgeführt.
- Algorithmisches Handeln wird oft nicht bewusst wahrgenommen.

Eine Handlung wie z.B. das Zähneputzen wird von uns wie automatisiert durchgeführt – diese Handlung kann als Routine aufgefasst werden. Doch bevor diese Handlung ausgeführt werden kann, muss sie Schritt für Schritt erlernt werden. Beim „Zähneputzens" können solche Handlungsschritte sein: Das Aufschrauben der Zahnpastatube, das Herausdrücken einer erbsengroßen Menge Zahnpasta aus der Tube auf die Borsten der Zahnbürste, das Ausführen von rotierenden und oszillierenden Bewegungen mit der Zahnbürste auf den Zähnen, das Ausspülen der aufgeschäumten Zahnpasta aus dem Mund- und Rachenraum. Diese Schritte werden nacheinander in einer festen Reihenfolge ausgeführt, um das Ziel, in diesem Fall die Reinigung der Zähne, zu erreichen. Es hat keinen Sinn zu versuchen, die Zahnpasta auf die Borsten der Zahnbürste zu geben, wenn die Zahnpastatube zuvor nicht geöffnet wurde. Trotz des strengen Ablaufes enthält der Vorgang Zähneputzen einige Variablen. Konkret: Es ist egal, welche Zahnbürste oder welche Zahnpasta bevorzugt oder wessen Zähne geputzt werden. Jeder Algorithmus hat eine bestimmte Menge von Variablen. Innerhalb dieser Menge ist eine Auswahl möglich und dennoch ist diese Auswahl begrenzt.

Wird beispielsweise Rasierschaum statt Zahncreme auf die Bürste gebracht, spürt der Putzende einen unangenehmen Geschmack und die Zähne werden auch nur bedingt sauber, da bestimmte reinigende Elemente einer Zahncreme in Rasierschaum nicht enthalten sind.

Handlungsvorschrift Algorithmus

Verfahren oder Handlungen können unter bestimmten Voraussetzungen als ein Algorithmus dargestellt werden. Bevor der Vorgang des Algorithmisierens beginnt, d.h. der Algorithmus konstruiert werden kann, müssen nach Schmid folgende Fragen beantwortet werden:

- „Handelt es sich bei dem, was algorithmiert werden soll, um einen Vorgang?
- Läßt sich dieser Vorgang in Phasen (Schritte) auflösen?
- Sind gegebenenfalls zusätzliche Vorgänge zu berücksichtigen?
- Ist es unter Umständen erforderlich, bestimmte Abschnitte zu wiederholen oder zu überspringen?
- Soll eine bestimmte Verhaltensstrategie eine bestimmte Makrostruktur festlegen?
- Welche Bedingungen müssen erfüllt sein, um die nächste Maßnahme ergreifen zu können, oder welche Maßnahmen ergeben sich, wenn diese Bedingungen erfüllt sind?" [6]

---

[6] Wolfgang F. Schmid, *basic instinct*, 1994, S. 30.

Eindeutig bestimmte Handlungen können mit Algorithmen beschrieben werden. Die Handlung wird zur Konstruktion eines Algorithmus in endlich viele Handlungsschritte zerlegt, die in einer festgelegten Folge ausgeführt werden. Die Gesamtlösung ergibt sich aus der vollständigen Ausführung aller Handlungsschritte. Jeder Algorithmus gilt für jeden Einzelfall aus einer Klasse von Aufgaben. In der Mathematik laufen immer dann Algorithmen ab, wenn Aufgaben nach einem bestimmten, immer gleichen Verfahren berechnet werden. Grundsätzlich haben alle Algorithmen in der Mathematik vier Gemeinsamkeiten:

1. Es liegt ein allgemeines Problem vor. (Bsp.: lineares Gleichungssystem von je n Gleichungen für m Variable,)
2. Es gibt (mindestens) eine Lösungsvorschrift in Einzelschritten. (Bsp.: Euklidischer Algorithmus)
3. Die Lösungsvorschrift lässt sich in jedem zulässigen Einzelfalle ausführen. (Bsp.: ggT (72/18))
4. Jeder Einzelschritt führt zu einem konkreten Ergebnis durch die schrittweise Anwendung der Lösungsvorschrift auf die vorgegebenen konkreten Werte.

Der Handlungsmechanismus wird aufgrund der festgelegten Folge der Handlungsschritte zur Handlungsvorschrift. Erst durch die Vorschrift – die festgelegte Folge von Handlungsschritten – ermöglicht die wiederholte Eingabe von identischen Werten die wiederholbare Ausgabe von identischen Ergebnissen. Algorithmen können in Worte gefasst oder grafisch gezeigt werden. In der grafischen Darstellung sind Verlaufs- bzw. Flussdiagramme üblich.

Der Algorithmus als Spiegel der Struktur

Algorithmische Verfahren oder Handlungen unterliegen „Regeln zur Organisation" und deren Anwendung. Folglich hat ein Algorithmus die Organisation einer Handlung oder eines Verfahrens unbedingt zu berücksichtigen. Algorithmisieren setzt Strukturieren voraus. Die Struktur gibt die Verbindungen zwischen den einzelnen Schritten des Algorithmus wieder. Zur Strukturierung gehört die Auseinandersetzung mit der zugrunde liegenden Ordnung. Schmid beschreibt „Grundtypen" einer Struktur:

> „Im Hinblick auf die Ordnungsformen lassen sich Grundtypen von Strukturen definieren:
> - offene und geschlossene,
> - einfache und komplizierte,
> - gleich- und höherwertige Strukturen."[7]

---

[7] Vgl. Schmid, *basic instinct*, 1994, S. 367.

Die Struktur eines Verfahrens ist in der Struktur seines Algorithmus zu finden und umgekehrt. Dabei können unterschiedliche Strukturen berücksichtigt werden:

- Ein Algorithmus kann linear sein, dann ist die Struktur eine Hierarchie.
- Ein Algorithmus kann zirkulär sein, dann ist die Struktur ein Zyklus.
- Ein Algorithmus kann verzweigt sein, dann enthält seine Struktur Alternativen.
- Ein Algorithmus kann fremdbestimmt sein, dann ist die Folge der Schritte systemextern gesteuert.
- Ein Algorithmus kann selbstorganisierend sein, dann ist die Folge der Schritte systemintern geregelt.

Algorithmische Verhaltensregelung

Unter der Annahme, menschliches Verhalten und menschliche Handlungen seien geregelt bzw. gesteuert, gibt es Systeme, die diese Steuerung bzw. Regelung ausführen. Das Gehirn stellt ein System zur Regelung sämtlicher Körperfunktionen auf und sorgt damit für deren Stabilität. Darüber hinaus ist das Regelsystem menschlichen Handelns und Verhaltens im Gehirn lokalisiert. Detlef Linke verbindet die Verhaltenssteuerung mit der Erfahrung von Glücksgefühlen und nennt hier die dafür zuständigen Hirnregionen:

„Die Hirnregionen, welche für die Verhaltenssteuerung entscheidend sind und welche einen Ausgleich zwischen den verschiedenen Impulsen ermöglichen, sind selber mit biologischen Mechanismen ausgestattet, die mit dem Glück zu tun haben. ... Es handelt sich um die mit dem Transmitterstoff Serotonin arbeitenden präfontalen Regionen der menschlichen Hirnrinde."[8]

Durch die Darstellung des Algorithmus der Regelung bzw. Steuerung des Verhaltens kann zumindest im Ansatz die Funktion und Struktur dieses Regelsystems gezeigt werden. Die Regelungen menschlichen Verhaltens und menschlicher Verfahren lassen sich in einzelne Maßnahmen unterteilen und durch Algorithmen darstellen. Folgerichtig kann mithilfe von Algorithmen menschlicher Verfahren und Verhalten der Algorithmus der neuronalen Aktivität rekonstruiert und gezeigt werden. Initiation einer Regelung ist der Soll-/Ist-Vergleich. Die Regelung zwischen Soll und Ist wird nach Linke (Zitat oben) biologisch unterstützt. Der Sollzustand menschlichen Verhaltens wird mit der Bereitschaft, Verpflichtungen und Normzustände anzunehmen, ausgelöst. Diese Verpflichtung wird im Allgemeinen als das Gewissen beschrieben. Der Ist-Zustand beschreibt das realisierte bzw. das unterbliebene Handeln bzw. Verhalten. Den Weg vom Ist zum Soll hat Schmid beschrieben als die Einzelmaßnahmen zur Regelung des Verhaltens:

---

[8] Vgl. Detlef Linke, *Das Gehirn* (München: Beck, 2000), S. 20.

„Die einzelne Maßnahme zur Regelung des Verhaltens (Programmschritt) besteht: aus der Vorstellung einer ganz bestimmten Ist-Soll-Differenz (Bild), aus einer Bestimmung jener Strategie, durch welche diese Differenz aufzuheben ist (Begriff), aus der Vergegenwärtigung jener Verhaltensregel, durch welche die vorgestellte Möglichkeit verwirklicht wird (Handlung)."[9]

Die einzelnen Maßnahmen zur Regelung des Verhaltens lassen sich in einem allgemeinen Regelkreis wie folgt darstellen:

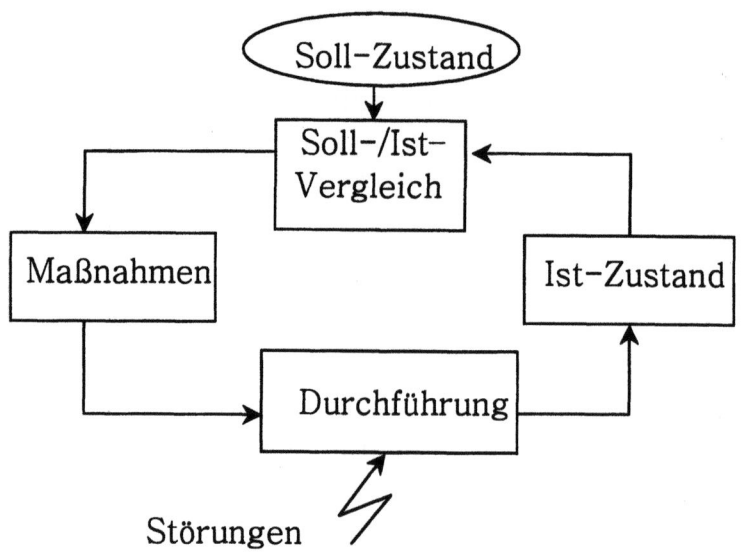

Die Regelung menschlichen Verhaltens ist ein Algorithmus, genauer gesagt ein zirkulärer Algorithmus. Der Regelkreis menschlichen Verhaltens ist durch seine Variablen bestimmt. Daraus folgt, dass es nicht

---

[9] Vgl. Wolfgang F. Schmid, *basic instinct*, 1994, S. 30.

nur einen solchen Regelkreis geben kann, sondern viele unterschiedliche Möglichkeiten. Das menschliche Verhalten in einem Regelkreis kann beispielsweise wie folgt gezeigt werden:

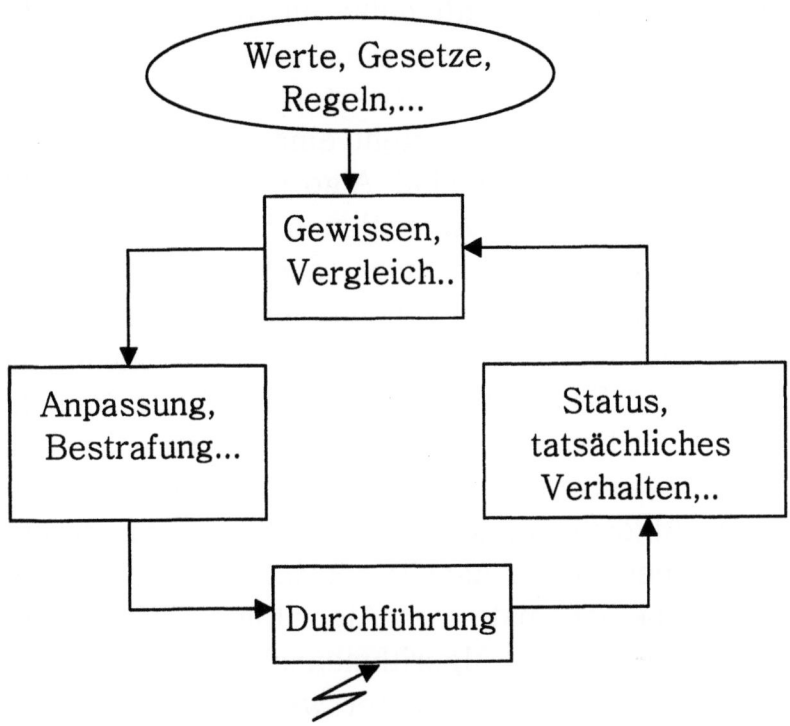

Einfluss von Subkulturen, z.B. Freundeskreis, Bedürfnisse, Emotionen (Neid, Gier,...)

Andere Wege – alternative Algorithmen

Nach den vorangegangenen Definitionen sind die Reihenfolge und die Inhalte der Handlungsschritte in einem Algorithmus festgelegt. Das heißt aber nicht, dass es nur einen einzigen Algorithmus zur Lösung einer Klasse von Aufgaben gibt. Durch Alternativen im Algorithmus können *Störungen* im Verlauf der Handlungsschritte berücksichtigt werden. Die Lösung eines Algorithmus gilt daher immer für eine Klasse von Aufgaben. Bei zwei oder mehr Algorithmen, die bei identischen Eingangswerten zu identischen Ausgabewerten führen, besteht eine Äquivalenz der Algorithmen. Folglich sind Algorithmen austauschbar. Die Äquivalenz von Algorithmen bedeutet die Gleichwertigkeit von Algorithmen, auch bei unterschiedlicher Struktur. Bei Anwendung äquivalenter Algorithmen sind auch die Lösungen gleicher Eingabedaten äquivalent. Es besteht die Möglichkeit, die äquivalenten Algorithmen aus unterschiedlichen Systemen, Handlungsanweisungen oder Prozessen zu entwickeln. Algorithmen können klassifiziert, d.h. durch einen gemeinsamen Aspekt betrachtet werden. Daraus entstehen Schemata von Algorithmen. Aufgrund der unterschiedlichen Algorithmenschemata ist es notwendig zu betrachten, unter welchen Voraussetzungen Algorithmen ausgeführt werden können. Die Ausführbarkeit eines allgemeinen Algorithmus ist eine Forderung, die nur bedingt erfüllt werden kann. Der Konstrukteur eines Algorithmus muss neben einer verständlichen Sprache die Fähigkeiten des Ausführenden berücksichtigen. Folglich muss ein Algorithmus so formuliert werden, dass dieser durch den Anwender auch praktisch umgesetzt werden kann.

Die praktische Umsetzung ist abhängig von der sprachlichen Formulierung des Algorithmus. Für einen Computer ist ein Algorithmus nur dann ausführbar, wenn dieser in einer problemorientierten Programmiersprache formuliert und anschließend durch Übersetzung in eine maschinenorientierte Sprache umgesetzt wird. Handeln und Verfahren des Menschen lassen sich aus folgenden Gründen mit Algorithmen vereinfachen:

- Der Algorithmus abstrahiert das gezeigte Verfahren von seiner Umgebung. Störungen oder Manipulationen brauchen zunächst nicht berücksichtigt zu werden.
- Mithilfe von Algorithmen können zumindest näherungsweise die Regelungen menschlichen Verhaltens und Handelns gezeigt werden.
- Mithilfe von Algorithmen kann menschliches Verhalten rekonstruiert werden.
- Mithilfe von Algorithmen kann menschliches Verhalten, insbesondere Lernverhalten oder Denkverhalten, manipuliert werden.
- Mithilfe von Algorithmen kann menschliches Handeln ökonomischer gestaltet werden.

Nicht nur menschliches Handeln und Verhalten lassen sich mit Algorithmen beschreiben und imitieren, sondern alle Verfahren der belebten und unbelebten Natur, welche den dargestellten Voraussetzungen zur Konstruktion eines Algorithmus entsprechen. So unterliegt z.B. die Entwicklung eines Obstbaumes einem Algorithmus, der u.a. das Keimen des Kernes, das Wachsen des Sprösslings zum kleinen Baum, die ersten Blätter, die ersten Blüten und die ersten Früchte enthält. Auch andere natürliche Prozesse wie die Fotosynthese unterliegen einem Algorithmus und sind mithilfe dieses Algorithmus zumindest annähernd zu beschreiben.

In diesem Kapitel wurden eine allgemeine Beschreibung des Algorithmus sowie die Forderungen und die Voraussetzungen für diesen gezeigt. Algorithmisieren geschieht nach allgemeinen Vorschriften zur Umsetzung eines Verfahrens oder eines Problems. Demnach folgt die Algorithmisierung selbst einem Algorithmus. Dieser Algorithmus kann aber nur abstrakt konstruiert sein, um alle Verfahren zuzulassen, die in einem Algorithmus gezeigt werden sollen. Zusammenfassend lassen sich die Forderungen an einen Algorithmus wie folgt festhalten: Ein Algorithmus muss korrekt, endlich, vollständig und ausführbar sein. Die Konstruktion eines Algorithmus ist im Allgemeinen in vier Schritten durchführbar:

1. Beschreibung des Problems
2. Theoretische Behandlung des Problems
3. Formulierung eines Algorithmus
4. Ausführung und eventuell Anpassung des Algrithmus.

Der Weg führt zum Ziel

Der Algorithmus des Denkens

> „Stellen Sie es sich einmal wirklich als einen bunten, formenreichen Film vor, in dem immer so viel Neues passiert, daß Sie gar nicht wissen, wohin Sie zuerst blicken sollen. Und dann bildet sich da etwas Erstaunliches, Unerwartetes heraus, wie ein wunderbarer Kristall – nur daß alle seine Strukturen weiter in Bewegung sind!"[10]

Die Informationsverarbeitung im menschlichen Gehirn vollzieht sich in der folgenden Darstellung in den fünf Phasen Wahrnehmen, Betrachten, Beobachten, Begreifen und Anwenden. Die Phase der Anwendung ist der Übergang vom Begreifen zum erneuten Wahrnehmen. Diese Darstellung verdeutlicht, dass Denken ein zirkulärer Prozess ist und auch als solcher zu zeigen ist. Von herausragender Bedeutung hat sich die Phase der Wahrnehmung gezeigt. Die Wahrnehmung ist das Tor zum Prozess der Verarbeitung von Reizen und Impulsen und die Grundlage für weitere damit verbundene kognitive Prozesse. Im Folgenden werden die kognitiven Strukturen und Aktivitäten während der Informationsverarbeitung beschrieben. Ziel dieser Beschreibung ist es, die kognitiven Prozesse in einem Algorithmus zu formulieren. Als „kognitiver

---

[10] Katharina Zimmer, *Gefühle – unser erster Verstand* (München, Zürich: Diana, 1999), S. 143.

Prozess" ist hier das Denken beschrieben. Das Denken als ein Prozess, der zu einer subjektiven Erkenntnis führt.[11] Das Denken umfasst z. B. die Strategie des Problemlösens, bei dem der Mensch auf seine Erfahrungen zurückgreift, die er im Umgang mit Problemen gesammelt hat.

> „Eine Möglichkeit, sich der Thematik des Denkens zu nähern, geht über die Frage nach den verschiedenen Problemlösewegen des Menschen. Frühe Forschungsarbeiten in diesem Bereich haben gezeigt, daß wir häufig sogenannte mental sets entwerfen, die uns in die Lage versetzen, Probleme auf eine bestimmte Art und Weise anzugehen."[12]

---

[11] In der Kognitionspsychologie werden unterschiedliche Aspekte des Denkens betrachtet. Nicky Hayes, *Kognitive Prozesse – eine Einführung*, in: Philip Banyard u.a., *Einführung in die Kognitionspsychologie*, hrsg. von Jochen Gerstenmaier (München, Basel, Reinhard-Verlag, 1995), S. 25: *„Denken kann vielfältige Formen annehmen, so daß es fast unmöglich erscheint, eine umfassende Definition des Begriffes zu liefern. Denkpsychologen widmen sich demzufolge immer bestimmten Einzelaspekten des Denkens und deren entsprechenden Implikationen."*
Vgl. Judith Hartland, *Sprache und Denken*, 1995, in: Philip Banyard u.a., *Einführung in die Kognitionspsychologie*, S. 213. Hartland beschreibt den Ansatz der mental models nach Johnson-Laird (1983). Demnach liegen jedem Menschen bestimmte mentale Modelle (mental models) vor, mit denen er Situationen und Sachverhalte erfasst.
[12] Philip Banyard u.a., Einführung in die Kognitionspsychologie, 1995, S. 25

Ein weiterer Aspekt des Denkens ist das logische und schlussfolgernde Denken. Durch logisches und schlussfolgerndes Denken ist der Mensch in der Lage, z.B. Reaktionen von Gegenständen oder anderen Lebewesen zu antizipieren, d.h. in Gedanken vorwegzunehmen. Die Fähigkeit zur Antizipation sichert dem Menschen gerade in gefährlichen Situationen seine Überlebenschancen. Denken wird hier als ein kreiskausales Phänomen (Zyklus) gezeigt, das beschreibt, wie der Mensch seine kognitiven Prozesse organisiert. Der Begriff Denken beschreibt den Prozess, wie Gedanken miteinander in Verbindung stehen. Gedanken entstehen nach den Erkenntnissen der Neurowissenschaften durch Verknüpfung neuronaler Zellen und Netze.

Nach welchem Prinzip neuronale Zellen und Netze entstehen, gelöst und wieder neu aufgebaut werden, wird an dieser Stelle nur zur Ergänzung beschrieben. Das Gehirn ist als Teil des gesamten Nervensystems, physikalisch – technisch betrachtet, eine Maschine zur Umwandlung von chemischer Energie in elektrische Energie und umgekehrt. Informationsübertragung im Zentralen Nervensystem ist ein elektrochemischer Prozess, in dem je nach Art des Überträgerstoffes eine Übertragung durch die Neuronen gefördert oder gehemmt wird.

„Das Neuron ist die funktionale Einheit des Gehirns. Über die Dendriten und den Zellkörper empfängt die Nervenzelle Informationen, und über ihr Axon leitet sie Signale an andere Neuronen und sonstige Zellen weiter. ... Die Synapse stellt die funktionale Verbindung zwischen einer Axonendigung und zwischen einem anderen Neuron her: Hier wird Information von einer Nervenzelle auf die nächste übertragen." [13]

Die Verbindung zwischen den Nervenzellen über die Synapsen ist der Fluss der Informationen im Nervensystem:

„An der semipermeablen Membran [Eine semipermeable Membran ist eine dünne Haut, mit der Eigenschaft, bestimmte Stoffe (Flüssigkeiten) nur in eine Richtung durchzulassen. (Etymologisch: permeabel (lat.) = durchdringbar; semi (lat.) = halb)] der Zelle können die Durchmesser der Ionenkanäle durch ankommende elektrische Impulse verändert werden, so daß die Diffusion der Elektrolyte hierdurch beeinflusst wird und ein elektrisches Spannungspotential an der Zellmembran aufgebaut und verändert werden kann." [14]

Denken, als das Organisieren kognitiver Prozesse, ist ein algorithmisches Verfahren. Foerster beschreibt kognitive Prozesse als algorithmische Rechenprozesse:

---

[13] R. Thompson, *Das Gehirn: Von der Nervenzelle zur Verhaltenssteuerung* (Heidelberg Spektrum-Akademischer Verlag, (^{2}1994), S.14:

[14] Vgl. Detlef Linke, *Das Gehirn*, 2000, S. 78.

„Die Prozesse, durch die Wissen erworben wird, d.h. die kognitiven Prozesse, werden als algorithmische Rechenprozesse aufgefasst, die ihrerseits errechnet werden." [15]

Nur wenn der Algorithmus des Denkens zu früh beendet wird, dann und nur dann wird keine Lösung zu einer Aufgabe oder zu einem Problem entwickelt. Erst das Organisieren der kognitiven Prozesse führt zum Denken. Wird viel gedacht und trotzdem keine „Lösung" für eine Aufgabe entwickelt, scheint der Prozess des Denkens unökonomisch. Algorithmisches Denken lässt sich trainieren. So führt z.B. ein Training zur Verbesserung von Arbeitsweisen, zum zielgerichteten und somit zweckoptimierten Denken. Die Schritte des Denkens werden bewusst durchgeführt. Schließlich ist der Vorgang des zielgerichteten Denkens unanfälliger für Störungen.

Organisation der kognitiven Prozesse

Zur Organisation der kognitiven Prozesse in einem Algorithmus „Denken" werden die einzelnen Schritte *Wahrnehmen, Betrachten, Beobachten, Begreifen* und *Anwenden* beschrieben. [16] Ein *möglicher*, zunächst li-

---

[15] Vgl. Heinz von Foerster, *Wissen und Gewissen*, 1997, S. 50.

[16] Vgl. Wolfgang F. Schmid, *Spielregeln des Erfolgs: Dreiplusneun – wie das Gehirn auf Touren kommt.* Flensburg, 2001, S. 139 ff. Schmid beschreibt die einzelnen Schritte „Wahrneh-

nearer Algorithmus[17] zur Organisation der kognitiven Prozesse ist:

    Wahrnehmen
    Betrachten
    Beobachten
    Begreifen
    Anwenden

Diese Art der Informationsverarbeitung ist aus folgenden Gründen ein Algorithmus:

- Die Vorgänge haben eine feste Reihenfolge.
- Die Vorgänge sind Teilhandlungen eines Ganzen.
- Erst wenn ein Vorgang abgeschlossen ist, kann der nachfolgende Vorgang beginnen.
- Die Ausführung aller Vorgänge führt zur Lösung einer Klasse von Aufgaben: dem Strukturieren der kognitiven Prozesse.
- Die Informationen werden nur dann vollständig verarbeitet, wenn alle Vorgänge ausgeführt werden.

---

men, Betrachten, Beobachten und Begreifen" als Zeiten des Gehirns.

[17] In dieser Darstellung ist der Algorithmus der Informationsverarbeitung linear. Die Beschreibung als linearer Prozess ist nur vorläufig. Da die neuronale Informationsverarbeitung ein sich wiederholender Prozess ist, wird dieser Algorithmus im weiteren Verlauf als ein Zyklus beschrieben werden.

Wird der Algorithmus nicht beachtet, so werden Eingangssignale[18] nur unvollständig verarbeitet. Wird das Eingangssignal gar nicht weiter „verarbeitet", entsteht eine Denkblockade. Der Vorschriftcharakter des Algorithmus *Wahrnehmen, Betrachten, Beobachten, Begreifen und Anwenden* bezieht sich auf die Reihenfolge der Vorgänge. Vorschriftcharakter bedeutet nicht, dass Denken nur über diesen besonderen Algorithmus verläuft. Vorschriftcharakter bedeutet auch nicht, dass keine Alternativen zu diesem Algorithmus zulässig sind. Der hier vorgestellte Algorithmus ist ein Spiegel der Struktur des Denkens. Bei dieser Aussage ist zu beachten, dass mit einem bestimmten Algorithmus ausschließlich eine bestimmte Ebene der Denkstrukturen abgebildet wird. Die Ebenen der Algorithmen unterscheiden sich durch ihren Umfang an Teilaufgaben bzw. Vorgängen. Tiefere Ebenen mit detaillierten Strukturen des Denkens werden in den Kapiteln vier bis sechs dargestellt. Alternativen zu diesem vorgestellten Algorithmus sind zulässig und erwünscht, denn das Ziel eines Algorithmus des Denkens ist, eine mögliche Organisation des Denkens zu zeigen, immer mit dem Ziel, dass dadurch der Prozess des Denkens rekonstruierbar wird.

---

[18] Eingangssignale werden unter bestimmten Bedingungen wahrgenommen und weiter kognitiv verarbeitet. Siehe Seite 43: Wahrnehmen

Effizientes Denken durch bewusstes Algorithmisieren

Werden Algorithmen des Denkens bewusst ausgeführt, wird der Vorgang des Denkens effizient. Das Verhältnis von gebrauchten Ressourcen zum erzielten Ergebnis wird geringer. Ressourcen des Denkens sind Zeit und Energie. Das Ergebnis ist die Lösung einer Aufgabe oder eines Problems. Beispielsweise führt die Anwendung eines Algorithmus in der Mathematik zur ökonomischen Lösung einer Klasse von Aufgaben. Ist das Verfahren bekannt und wird es konsequent angewendet, so werden keine weiteren Ressourcen zur Entwicklung einer Lösungsstrategie benötigt. Ein Beispiel für die Anwendung von Algorithmen in der Mathematik ist der Euklidische Algorithmus zur Ermittlung des größten gemeinsamen Teilers ggT (a,b) von zwei natürlichen Zahlen a, b mit a $\geq$ b. Der ggT der zwei Zahlen a, b wird durch schrittweise durchgeführte Division mit Rest r ermittelt. Die größere Zahl a ist der Dividend, die kleinere Zahl b der Divisor. Mit anderen Worten: Die kleinere Zahl wird durch die größere Zahl geteilt. Das zugrundeliegende Prinzip ist: Zu zwei natürlichen Zahlen a und b gibt es stets zwei eindeutig bestimmte Zahlen q und r aus N_0, so dass gilt:

$$a = b \cdot q + r \text{ und } 0 \leq r < a$$

Wie ökonomisch der Vorgang wirklich ist, hängt von dem Umfang des Algorithmus ab. Umfangreiche Algorithmen führen zu einem trennscharfen Ergebnis, verbrauchen allerdings im Allgemeinen auch mehr Ressourcen.

Wahrnehmen

Während des Wahrnehmens werden sämtliche Reize und Impulse gefiltert. Die Aufnahme dieser „Eingangssignale" unterliegt durch einen natürlichen Filter schon in dieser Phase festgelegten Grenzen. Nicht nur die Informationsaufnahme, sondern auch die Speicherung von Informationen unterliegt einem neuronalen Filter. Aus der Menge an Informationen, die ständig auf uns einströmen, bleibt nur ein geringer Bruchteil im Gedächtnis. Das ist keinesfalls eine Fehlsteuerung der Natur, sondern eine absolute Notwendigkeit. Der Mensch ist nur in der Lage, ein begrenztes Spektrum von Reizen und Impulsen aus der Umwelt aufzunehmen: Die menschlichen Sinne sind auf das Wahrnehmen von Reizen aus einem bestimmten Frequenzbereich ausgelegt. Beispielsweise senden und empfangen Fledermäuse hochfrequente Töne, um ihre Beute damit aufzuspüren. Dem Menschen ist es nur unter Einsatz von technischen Hilfsmitteln möglich, diese Töne wahrzunehmen. Die technischen Hilfsmittel modellieren dabei die „Eingangssignale" soweit, bis sich diese innerhalb der vom Menschen wahrnehmbaren Spektren befinden. Darüber hinaus werden Wahrnehmungen erst dann zugelassen, wenn sie bestimmte Bedingungen erfüllen und somit individuell interessant werden oder auffallende Eigenschaften besitzen. Besonders interessant sind Wahrnehmungen für uns:

- wenn sie uns positiv stimmen,
- wenn sie aktuell sind, d.h. mit Inhalt, Ort oder Zeit unseren aktuellen Gedanken übereinstimmen,
- wenn sie Bedürfnisse ansprechen,
- wenn sie neu sind.

Das Wahrzunehmende wird hier in zwei Bereiche unterteilt. Zum einen in die Dinge, die von außen als Reize wahrgenommen werden, und zum anderen in die Dinge, die von innen als Gedächtnisimpulse wahrgenommen werden. Wahrnehmungen werden unterschieden in Aufmerksamkeit und Konzentration. Aufmerksamkeit ist hier die Aufnahme von Sinnesreizen – Konzentration ist die Aufnahme von Gedächtnisimpulsen. Die Unterscheidung zwischen innerer und äußerer Wahrnehmung wurde schon von Aristoteles erwähnt. Aristoteles unterschied zwischen der sinnlichen (aisthesis, sensus) und der geistigen Wahrnehmung. Die sinnliche Wahrnehmung ist die Grundlage der geistigen Wahrnehmung, da hier die Dinge unmittelbar materiell vorgegeben und für die geistige Vorstellung erfasst werden.

Aufmerksamkeit versus Konzentration

Der Mensch kann seine Aufmerksamkeit bewusst oder unbewusst auf etwas Bestimmtes richten. Die bewusste Aufmerksamkeit auf etwas Bestimmtes wird in der Kognitionspsychologie auch Konzentration genannt. Die Höhe der Aufmerksamkeit bzw. der Konzentration ist abhängig von verschiedenen Faktoren, die das Wahrzunehmende und den Wahrnehmenden betreffen. Nicky Hayes beschreibt die Durchführung von Experimenten zur „zeitlich überdauernden Aufmerksamkeit", mit denen festgestellt wurde, dass die

"... Konzentrationskapazität von einer Anzahl unterschiedlicher Einflußfaktoren abhängig ist: den sogenannten Signalfaktoren [Intensität, Frequenz, Präsentation, räumliche Anordnung und Dauer des dargebotenen Reizes, d. Verf.] – diese betreffen die physikalische Anordnung des Versuchssettings; und den motivationalen Faktoren [Rückmeldung über die Leistungen (richtig/ falsch), zufällige Unterbrechungen, Anwesenheit anderer Personen oder des Versuchsleiters, d. Verf.] – Faktoren, die die jeweilige Versuchsperson betreffen,..."[19]

Aufmerksamkeit und Konzentration sind zeitabhängige Prozesse des Gehirns. Das Maß der Aufmerksamkeit ist die Anzahl der aufgenommenen Informationen

---

[19] Vgl.: Nicky Hayes, *Kognitive Prozesse – eine Einführung*, in: Banyard u.a., Einführung in die Kognitionspsychologie, 1995, S. 19 f.

pro Zeiteinheit. Das Maß der Konzentration ist die Anzahl der zielgerichteten Gedächtnisimpulse pro Zeiteinheit. Zielgerichtet bedeutet, dass die Gedächtnisimpulse in einem inhaltlichen Zusammenhang stehen.

$$\text{Aufmerksamkeit} = \frac{\text{aufgenommene Sinnesreize}}{\text{Zeiteinheit}}$$

$$\text{Konzentration} = \frac{\text{Gedächtnisimpulse}}{\text{Zeiteinheit}}$$

Das Wahrnehmen ist also ein Vorgang, der sich durch Aufmerksamkeit nach außen und durch Konzentration nach innen richtet. Die Neurowissenschaft hat herausgefunden, dass das menschliche Gehirn über ein gesondertes Aufmerksamkeitssystem verfügt, an dem eine...

> „... Reihe von Strukturen in der Großhirnrinde, dem Cortex, und in tiefergelegenen, entwicklungsgeschichtlich älteren Teilen des Endhirns ..."[20]

...beteiligt sind.

Das Wahrnehmen, insbesondere die Aufmerksamkeit, verbraucht Ressourcen, die nur im begrenzten Maß

---

[20] Michael Gazzaniga, *Rechtes und linkes Gehirn: Split Brain und Bewusstsein* (in: Spektrum der Wissenschaft, Digest, *Rätsel Gehirn*, 2/2001), S. 28

zur Verfügung stehen und je nach Anspruch eine Seite des Großhirns mehr fordern als die andere. Gazzaniga beschreibt eine Studie von Jeffrey D. Holtzman über Split-Brain Patienten, denen der Balken (Corpus callosum), die neuronale Verbindungsstrang zwischen der linken und rechten Gehirnhälfte, operativ durchtrennt worden war:

> „Besonders interessant war diese Studie, weil sie nahe legte, daß es quasi nur begrenzte Ressourcen für Aufmerksamkeit gibt. Holtzman vermutete, daß um so mehr von diesen Ressourcen beansprucht wird, je schwerer oder anspruchsvoller die Aufgabe ist – und daß eine Hemisphäre dann immer mehr die Hilfe tieferer Bereiche des Endhirns oder der anderen Seite einfordern muß. ... Je mehr Aufmerksamkeit eine Seite leisten muß, um so schwerer fällt es der anderen, gleichzeitig andere Aufgaben zu erfüllen."[21]

Die Trennung zwischen nichtsinnlichem (inneren) und sinnlichem (äußeren) Wahrnehmen soll an einem Beispiel verdeutlicht werden: Die Fahrt mit einem Kraftfahrzeug erfordert vom Fahrer zum einen Aufmerksamkeit und zum anderen Konzentration.
Die Aufmerksamkeit benötigt der Fahrer, um das Verkehrsgeschehen wahrzunehmen: Jedes Verkehrsschild, jede Ampel, jeder andere Verkehrsteilnehmer wird wahrgenommen und in dieser Phase identifiziert als Verkehrsschild, Ampel oder Verkehrsteilnehmer. Aufgrund des wahrgenommenen Verkehrsgeschehens

---

[21] Gazzaniga, *Rechtes und linkes Gehirn*, 2001, S. 28.

ist der Fahrer gefordert, angemessene Maßnahmen zu treffen, um sicher sein Ziel zu erreichen. Das erfordert Konzentration. Wird der Fahrer durch innere Wahrnehmungen abgelenkt, wie zum Beispiel durch Konzentration auf einen bevorstehenden Termin, so lässt die Aufmerksamkeit nach und die Gefahr besteht, dass der Fahrer einen anderen Verkehrsteilnehmer oder ein Verkehrszeichen übersieht. Je höher die Konzentration, desto geringer die Aufmerksamkeit und umgekehrt. Befindet sich der Autofahrer in einer für ihn unbekannten Umgebung (für einen Flensburger z.B. die City von Berlin), sind seine Aufmerksamkeit und die Konzentration vermutlich erheblich mehr gefordert als auf der bekannten, täglich gefahrenen Strecke zwischen Wohnort und Büro. Die Konzentration beschränkt sich vermutlich in dieser Situation darauf, den richtigen Weg zum Ziel zu finden. Die Wahrnehmung in Form von Aufmerksamkeit lässt hier allerdings kaum Ressourcen für die Konzentration auf innere Wahrnehmungen zu, die nicht mit dem Verkehrsgeschehen in Verbindung stehen.

Betrachten

Während des Betrachtens wird das Wahrgenommene fixiert. Das Betrachten ist eine detaillierte Art und Weise des Wahrnehmens. Das Betrachten ist die Wahrnehmung von Details, gleichzeitig aber auch die Fixierung der Gedanken auf ein bestimmtes Objekt innerhalb des Wahrgenommenen. Durch das Betrachten tritt das betrachtete Objekt in den Vordergrund, während andere mögliche zu betrachtende Objekte in den Hintergrund treten. Das zu betrachtende Objekt wird bevorzugt ausgewählt. Das Betrachten führt zu einer Verdichtung der Wahrnehmung des Wahrnehmenden auf das ausgewählte Objekt. Der kognitive Vorgang *Betrachten* wird nur dann ausgeführt, wenn es notwendig ist. Hier kommt das oben beschriebene ökonomische Prinzip zum Tragen.

Nach Schmid ist die Zeit des Betrachtens auch die Zeit der Intuition.[22] Die Intuition als Form der Erkenntnis beschreibt – im Gegensatz zur diskursiven Erkenntnis – ein plötzliches Erfassen einer Situation oder eines Sachverhalts. Intuition ist das nicht bewusste Zusammenspiel von Wahrnehmungen. Neben der Anforderung von Ressourcen werden durch das Betrachten allerdings auch zusätzliche Ressourcen geschaffen, da weitere neuronale Prozesse angeregt werden. Die Aufnahme und Verarbeitung von Informationen wird beschleunigt und erweitert. Offensichtlich ist das betrachtete Objekt für den Betrachter von besonderem Interesse, da das Gehirn zusätzliche Ressourcen zur Verfügung stellt. Das Betrachten ist das vermehrt auf das zu Untersuchende gerichtete Denken. Das Betrachten

---

[22] Vgl.: Schmid, *Spielregeln des Erfolgs: Dreiplusneun- wie das Gehirn auf Touren kommt*, 2001, S.141.

Denken. Das Betrachten dient der Vorbereitung auf das Beobachten.

Beobachten

Das Beobachten ist eine konkrete Auseinandersetzung mit dem Objekt. Konkret ist sie insofern, da in die Ergebnisse der Beobachtung bestimmte Situationen, momentane Stimmungen oder Einstellungen einfließen. Das Beobachten ist eine gedankliche Analyse des Objekts, d.h. das Objekt wird in Einzelheiten zerlegt und deren Zusammenhänge werden erkannt. Die konkrete Beobachtung ist ein vorausgehendes Verfahren zum abstrakten Begreifen eines Problems, einer Aufgabe oder eines Objekts. Beobachtungen werden nur dann ausgeführt, wenn es unbedingt notwendig ist. Ein Vorteil besteht allerdings darin, dass das Beobachten zeitgleich mit Wahrnehmen und Betrachten verläuft, ohne dass der Vorschriftcharakter des Algorithmus gefährdet wird.

> „Weil Beobachtungen zugleich während des Wahrnehmens und Betrachtens im Bewusstsein organisiert werden, verbrauchen sie keine zusätzliche Zeit."[23]

Der Vorschriftcharakter in diesem Algorithmus ist nicht missachtet, da kein Betrachten ohne Wahrnehmen, da kein Beobachten ohne Betrachten und da kein Begreifen ohne Beobachten stattfinden kann. Die Notwendigkeit des Beobachtens ist dann gegeben,

---

[23] Schmid, *Spielregeln des Erfolgs*, 2001, S. 143.

wenn eine Situation, ein Objekt oder Subjekt neu ist oder in einen neuen inhaltlichen Bezug eingeordnet werden muss.

Begreifen und Anwenden

Die Phasen Begreifen und Anwenden werden hier als abschließende Maßnahme innerhalb des Denkprozesses zusammengefasst. Es ist die Abstraktion des Beobachteten. Aus Beobachtungen von Einzelfällen werden allgemeine Schlüsse gezogen – diese Art der Schlussfolgerung heißt Induktion. Auf Grund einer allgemeinen Beobachtung kann aber auch auf einzelne Fälle geschlossen werden – diese Art der Schlussfolgerung heißt Deduktion. Je nach Art des Schlussfolgerns werden Maßnahmen zur weiteren konkreten Anwendung des Objekts beschlossen. Das Begreifen als Vorstellen von Anwendungsmöglichkeiten und das Entdecken von neuen Möglichkeiten sind glückbringende Belohnungen des Gehirns für die Anstrengung der vorausgehenden Schritte des neuronalen Algorithmus. Durch Organisation der Gehirnaktivitäten mithilfe dieser Grundtätigkeiten wird die Vigilanz gefördert:

> „Durch Wahrnehmen, Betrachten und Beobachten erhöht sich der Wachheitsgrad (Vigilanz) des Bewusstseins."[24]

---

[24] Schmid, *Spielregeln des Erfolgs*, 2001, S.143.

Vigilanz beschreibt die Klarheit, mit der wir Dinge erkennen und Probleme lösen. Der Vigilanzwert gibt an, wie klar und deutlich wir etwas darstellen, beschreiben und beweisen können.

Zyklus Denken

Wahrnehmen, Betrachten, Beobachten, Begreifen und Anwenden sind kognitive Vorgänge. Diese fünf „Grundtätigkeiten", abgebildet als ein Algorithmus des Denkens, zeigen den Weg der Informationsverarbeitung zur Organisation der Gedanken. Jede einzelne Grundtätigkeit bzw. Phase ist ein bilderzeugender Prozess im Bewusstsein. Diese neuronalen Grundtätigkeiten werden initiiert, sobald Reize oder Impulse als Eingangssignale wahrgenommen werden. Doch wenn Denken einen Anfangspunkt hat, dann stellt sich die Frage, ob der Vorgang des Denkens einen definierten Endpunkt hat. Konkret: Liegt der Endpunkt des Denkens beim Begreifen oder erst beim Anwenden? Zur Beantwortung dieser Frage muss berücksichtigt werden, dass Denken kein linearer, sondern ein zirkulärer Vorgang ist. Es wäre somit falsch, den Prozess des Denkens als eine Kette von Grundtätigkeiten zu beschreiben, die einen definierten Anfang und ein definiertes Ende hat, zwischen denen eine Strecke abzumessen wäre. Die Art und Weise, wie gedankliche Prozesse verlaufen, ist auch in Bezug auf die Analyse von Texten von besonderer Bedeutung:

Wenn Denken ein Kreislauf ist, also ein zirkulärer Vorgang, dann muss der Algorithmus des Denkens ein Zyklus sein. Der Zyklus führt nicht zu einem definierten Endpunkt, sondern zu einer Wiederholung der Teilprozesse. Die Wiederholung wird ausgelöst,

- sobald neue Reize oder Impulse wahrgenommen werden
- wenn die Lösung des Denkvorgangs vom Gehirn nicht akzeptiert wird
- wenn ein Teilprozess nicht vollständig ausgeführt wurde.

Der gesamte Zyklus des Denkens lässt sich mithilfe der Unterteilung Wahrnehmen, Betrachten, Beobachten und Begreifen wie folgt darstellen:

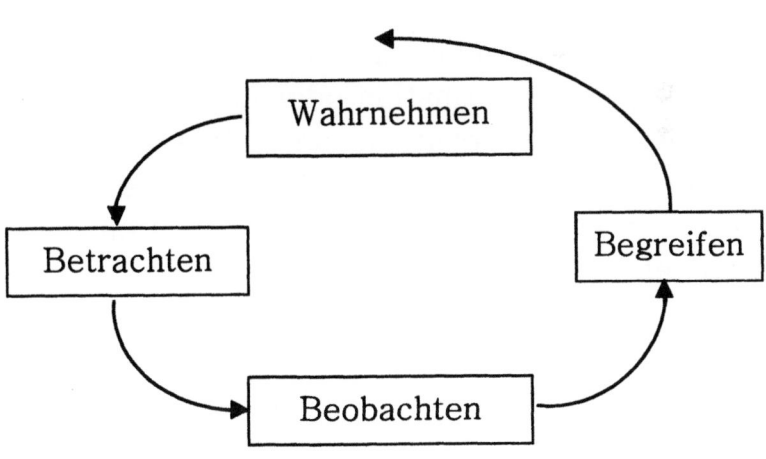

Eine andere Kategorie – intuitives Fragen

Wahrnehmen in Kategorien

Kategorien organisieren das Bewusstsein, indem sie den Inhalt einer Vorstellung oder einer Wahrnehmung auf Vollständigkeit prüfen. Das systematische Prüfen anhand der zwölf Kategorien lässt einen Schluss auf die Organisation der Gedanken zu, die hinter einer Aussage stehen bzw. diese initiiert haben. Der hier eingeführte K- Wert ist ein Maß für die Vollständigkeit einer Aussage und der Wahrnehmung, der Vorstellung oder der Gedanken, die zu dieser Aussage führen. Das Bewusstsein präsentiert sich in Bildern oder in Sprache. Bilder lassen sich durch Sprache beschreiben – auch wenn sich dieses oft schwierig gestaltet. Die Schwierigkeiten treten allerdings erst dann auf, wenn der Bezug zu einem Wahrnehmungsfeld fehlt. Ein Wahrnehmungsfeld, das ist ein Objekt, ein Subjekt, eine Information oder ein Gedanke. Was es bedeutet, einen Bezug zu einem Wahrnehmungsfeld herzustellen und welche Auswirkungen dieses für das Denken und speziell für das Schreiben von Texten hat, wird im Folgenden erläutert.

Der Gestaltpsychologe Rudolf Arnheim beschreibt das „in Beziehung setzen" des Wahrgenommenen zu seiner Umwelt als Grundlage des zusammenhängenden Verstehens.

„Ein Ding im Raume sehen heißt, es in seinem Zusammenhang sehen. ... Ein Ding sehen heißt, die ihm zugehörigen Eigenschaften von denjenigen unterscheiden, die ihm von der Umgebung und dem Betrachter auferlegt werden... Allgemeiner kann man sagen, daß alles Sehen darauf herauskommt, Beziehungen zu sehen; und die Beziehungen in der Wahrnehmung sind keinesfalls einfach."[25]

Die Beziehungen des Wahrgenommenen zu seiner Umwelt und zum Betrachter bilden somit die Grundlage der Erkenntnis über das Wahrgenommene. Verändert sich die Umgebung des Wahrgenommenen, so verändert sich demnach auch die Erkenntnis über das Wahrgenommene. Jedes Wahrgenommene ist von seiner Umgebung abhängig. Beispielsweise ist die Bedeutung eines Zeichens abhängig von seinem Konnex, das ist die Umgebung des Zeichens. An dieser Stelle tritt die Frage auf, ob es dennoch möglich ist, unvoreingenommen wahrzunehmen. Unvoreingenommenes Wahrnehmen als Erkenntnisproblem: Wahrnehmen ist immer abhängig von dem Zusammenhang, in dem es wahrgenommen wird. Unvoreingenommenes Wahrnehmen kann in diesem Sinne nur dann möglich sein, wenn es gelingt, das Wahrgenommene aus seinem Zusammenhang zu lösen. Der Weg, um unvoreingenommenes Wahrnehmen zu erreichen,

---

[25] Arnheim, *Anschauliches Denken: Zur Einheit von Bild und Begriff* (Köln: DuMont 1996), S. 61.

führt über die Abstraktion des Wahrgenommenen. Die zwei Möglichkeiten des Abstrahierens:

1. das Isolieren des Objektes von der Umwelt
2. die Kenntnisnahme der Veränderungen des Objekts in einem größeren Zusammenhang

Abstraktion ist ein gedankliches Verfahren, um sich in der umgebenden Welt zurechtzufinden: Das Erkennen der Dinge durch Abstraktion ist Denken, das ist nichts anderes als das Organisieren der Gedanken. Die uns umgebenden Dinge und die entstehenden Gedanken werden durch Impulse, Signale oder Reize wahrgenommen. Diese Eingangssignale müssen strukturiert werden, um ihren Sinn zu erfahren. Annahme: Das Bewusstsein wird in Sprache oder Bildern wahrgenommen. Denken heißt Strukturieren der Gedanken. Denken wird oberhalb der Bewusstseinsschwelle in Form von Bildern oder Sprache präsentiert.
Schlussfolgernd sind Sprache und Bilder Ausdruck des Denkens. Um die Struktur der Gedanken zu verstehen, müssen wir die Struktur der Sprache und Bilder entschlüsseln, mit der wir unsere Welt erfahren. Werden Wahrnehmungen, Informationen und Impulse analysiert, so werden sie hinterfragt durch unterschiedliche Fragepronomina. Das Prinzip des Erfragens von Zusammenhängen als systematisches Vorgehen ist das geistige Kategorisieren. Das Kategorisieren ist das Infragestellen einer Wahrnehmung oder eines Gedächtnisimpulses. Durch das Infrage-

stellen wird das Wahrgenommene von seiner Umgebung abstrahiert. Das Kategorisieren ermöglicht die genaue Beschreibung des Wahrgenommenen über das sinnlich Erfahrbare hinaus. Es wird nicht nur die messbare Veränderung der Umwelt wahrgenommen, sondern auch der Sinn des Wahrgenommenen.

Geschichte der Kategorien

Die Systematisierung des Wahrgenommenen und des Denkens mithilfe von Kategorien, insbesondere der Terminus „Kategorie", geht auf Aristoteles [384 – 322 v. Chr.] zurück. Der Terminus Kategorie besaß in der griechischen Gerichtssprache die Bedeutung von Anklage. Hier dienten die Kategorien dazu, eine möglichst detaillierte und genaue Beschreibung eines Sachverhaltes zu treffen. Die Unterscheidung von Aussagen und Begriffen mithilfe eines Kategorienschemas führt zur eindeutigen Bestimmung des Wahrgenommenen, des Gedachten und des Gesprochenen.

> „Erst als das Denken sich selbst als Gegenstand entdeckte und sich der Beziehung zwischen Sein, Denken und Sprechen bewußt wurde, begann die Untersuchung der Formen des Logos, der in der für griechisches Welterleben charakteristischen Weise beides ist: Sprache und Gedanke. In Zusammenhang mit der Reflexion auf Strukturen des Logos entstand das Kategorienproblem, das

fortan die Philosophie als eines ihrer Hauptprobleme begleitete."[26]

Das setzte voraus, dass das Denken selbst als Gegenstand entdeckt wurde. Der Begriff Logos steht für Gedanke und Sprache zugleich. Die Kategorien bieten ein systematisches Vorgehen zur Differenzierung verschiedener Aussagen an. Wann immer der Begriff Kategorie gebraucht wird, bedeutet das eine Art von Kategorie oder eine Form von Kategorie. Dadurch wird eine einzelne Kategorie zum Aussageschema, die Kategorien werden zu Formen, Arten oder Typen möglicher Prädikate. Ein Prädikat ist in diesem Zusammenhang ein sprachlicher Ausdruck, der eine begriffliche Charakterisierung enthält. Wir gebrauchen dieses Aussageschemata, um die Vieldeutigkeit des „ist" zu vermeiden und somit klar voneinander abgegrenzte Aussagen in der philosophischen Argumentations- und Diskussionssprache zu verwenden. Das bewusste Kategorisieren führt zum trennscharfen Denken, Sprechen und Texten, durch welche Mehrdeutigkeiten in der Sprache geklärt werden sollen.
„Unter dem Hinweis auf ohne Verbindung gesprochene Wörter, wie 'Mensch', 'läuft', 'sitzt', präsentiert Aristoteles zehn Kategorien oder Arten der Aussage: Substanz (...., subtantia), Quantität (..., quantitas), Qualität (..., qualitas), Relation (..., relatio), Wo (..., ubi), Wann (...,

---

[26] [Aristoteles], *Kategorien* (Flashar, G. [Hg.], *Aristoteles´ Werke in deutscher Übersetzung*, Bd. 1, Berlin: Akademie-Verlag, 1986), S. 41

litas), Relation (..., relatio), Wo (..., ubi), Wann (..., quando), Lage (..., situs), Haben (..., habere), Wirken (..., actio), Leiden (..., passio),..."[27]

Eine Kategorie ist somit eine ganz bestimmte Aussage über Etwas. Je mehr über dieses Etwas ausgesagt werden kann, desto deutlicher wird sein Begriff. In der Annahme, dass Gedanken Bilder und Sprache erzeugen, werden das Bild und die Sprache zu diesem Etwas umso deutlicher, je mehr Kategorien beschrieben werden. Da es sich bei den Aussagen und Wahrnehmungen nicht um Urteile handelt, ist es nicht das Ziel, deren Wahrheitsgehalt zu prüfen, sondern deren Umfang und Sinngehalt.

Kategorisieren als Weg zum systematischen Denken

Das Kategorisieren wird im Folgenden als ein Weg zur Systematisierung des Denkens gezeigt. Aristoteles sah in den Kategorien eine Möglichkeit, das Denken zu einem systematischen Prozess zu führen statt in Vermutungen enden zu lassen. Damit gibt Aristoteles auch eine Möglichkeit zur Transparenz des systematischen Denkens vor. Aufgrund der Vielfalt der Gesichtspunkte der Kategorien werden den Aussagen, Informationen und Wahrnehmungen über das „ist" das Allgemeine genommen, und sie werden so

---

[27] [Aristoteles], *Kategorien* (Flashar, G. [Hg.], Aristoteles´ Werke in deutscher Übersetzung, Bd. 1, 1986), S. 42

differenziert, wie sie gedacht werden. Baumgartner bestimmt in seiner Interpretation der Kategorien bei Kant [1724 - 1804] diese als ein

> „...Konstruktionsprinzip der einheitlichen Verstandeshandlung...., es ist zugleich Maßgabe der als erkennbar rekonstruierten Welt der Erfahrung. Sein Begriff der Kategorie repräsentiert auf diese Weise zugleich die Strukturiertheit der Welt möglicher Erfahrung, wie die Grundstruktur möglicher Erkennbarkeit." [28]

Unter der Berücksichtigung, dass sich Denken oberhalb der Bewusstseinsschwelle als Sprache oder in Bildern oder als beschriebene Bilder repräsentiert, bilden die Kategorien ein geschlossenes System, wie Gedanken strukturiert werden können. Die Kategorien geben dem Denken eine Struktur, die aufgrund der unterschiedlichen Definitionen und Funktionen des Denkens bisher gefehlt hat. Dadurch wird es möglich, Erkenntnis zu begründen. Die Kategorien bilden Strukturmomente von den Sinnesreizen und Gedächtnisimpulsen, die wahrgenommen werden. Dadurch erhalten die Kategorien selbst zwei Funktionen:
1. Strukturieren des Denkens
2. Strukturieren des Wahrgenommenen

---

[28] Baumgartner, *Kategorie*, (in: Krings; Baumgartner; Wild (Hgg.), Handbuch philosophischer Grundbegriffe, Studienausgabe, München: Kösel 1973) Bd. 3, S. 768.

Die zwei Funktionen der Kategorien sind nicht als Trennung, sondern als Einheit zu verstehen. Es ergibt auch keinen Sinn, beim Denken über das Wahrgenommene, das eine von dem anderen zu trennen.
Werden die beiden Funktionen als Einheit betrachtet, dann erhalten die Kategorien eine zusätzliche Funktion: Die Transparenz des Denkens. Je nachdem, wie umfangreich das Wahrgenommene kategorisiert wird, desto umfangreicher ist auch der Denkvorgang darüber. Das Kategorisieren gibt somit Hinweise auf das Denken.

Die Kategorien als Urteilstafel

Aristoteles führte die im Weiteren genannten Kategorien als mögliche Aussageschemata auf. Während Aristoteles von zehn Kategorien ausging, beschrieb Kant vier Gruppen von Kategorien. Kant gibt mit seiner Auslegung der Kategorien Strukturmomente des Erfahrungsgegenstandes mit jeweils drei Urteilsfunktionen vor, die Baumgartner wie folgt darstellt:

> „Die systematischen Zusammenhang und Vollständigkeit vorgeblich garantierende Urteilstafel, welche die verschiedenen Funktionen zu urteilen festlegt, bildet daher den Grundriß möglicher Kategorien. Es handelt sich dabei um die vier Gruppen Quantität, Qualität, Relation und Modalität, denen jeweils drei Urteilsfunktionen zugeordnet sind: allgemeine, besondere, einzelne Urteile als Urteile der Quantität; bejahende, verneinende, unendliche

Urteile als Urteile der Qualität; kategorische, hypothetische, disjunktive [ausschließende, d. Verf.] Urteile als Urteile der Relation und problematische, assertorische [behauptende, d. Verf.] und apodiktische [unumstößliche, d. Verf.] Urteile als Urteile der Modalität. ... Kants Kategorien erwiesen sich daher als Grundkonstruktionen der Welt der Erfahrung, wobei aus jeder der vier Kategorien-Gruppen jeweils eine Kategorie den Gegenstand der Erfahrung bestimmt."[29]

Die Kategorien bei Kant haben nicht wie bei Aristoteles die Funktion, die Strukturen von Aussagen zu analysieren, sondern geben die Struktur einer möglichen Erfahrung und Grundstruktur möglicher Erkennbarkeit an.

Bei Kant bilden die Kategorien a priori, also vor der Erfahrung, gültige Begriffe von Objekten. Kategorisieren heißt, das Fragen zu initiieren. Jeder Begriff kann mithilfe eines Kategorienschemas beschrieben werden. Die Anzahl der belegten Kategorien ist eine qualitative Aussage für den beschriebenen Begriff.
Die Kategorien, die Fragepronomina und ihre Wirkungen werden bei Schmid wie folgt als Tabelle gezeigt:

---

[29] Baumgartner, *Kategorie*, 1973, S. 768.

Folgende Tabelle[30] gibt eine Übersicht über die Kategorien, ihre Fragepronomina und ihre Wirkung:

Frage	Kategorie	wirkt...
Wer?	Grund	faktisch
Was?	Wesen	existentiell
Welche?	Eigenschaften	qualitativ
Wieviel?	Maß	quantitativ
Wo?	Raum	lokal
Wann?	Zeit	temporal
Warum?	Ursache	kausal
Wozu?	Wirkung	final
Wobei?	Umstand	konditional
Wie?	Art und Weise	modal
Womit?	Mittel	instrumental
Wofür?	Zweck	teleologisch

Wird beispielsweise der mathematische Begriff „Vektor" in Kategorien beschrieben, zeigt sich folgendes Ergebnis:

Zwölffaches Kategorisieren eines Vektors

Grund: natürliches Prinzip:
Alles ist in Bewegung.
Zweck: die Bewegung als Initiator der Entwicklung.

---

[30] Erstellt nach Schmid, W.: *basic instinct.* 1994. S. 165

Ursache:	Veränderung der Verhältnisse, z.B.: $v = \Delta s/\Delta t$
Wirkung:	Darstellung der Veränderung als gerichtete Größe
Umstand:	in einem Bezugssystem (Koordinatensystem)
Mittel:	mit jeder Bewegung / Ereignis in jedem zeitlich und räumlich definierten System.
Art u. Weise:	Handlungsanweisung / Konstruktionsverfahren: 1. Bilde (zeichne) eine direkte Verbindung zwischen zwei Punkten (Koordinaten). 2. Kennzeichne die Richtung der Bewegung mithilfe eines Pfeils auf der Strecke zwischen den Koordinaten, dessen Pfeilspitze den End- bzw. Zielpunkt berührt.
Wesen:	der Vektor ersetzt als Repräsentant viele andere gleiche Bewegungen oder Ereignisse.
Zeit:	Aufeinanderfolge der Koordinaten: Anfangs- und Endpunkt.
Raum:	die Lage der Anfangs- und Endpunkte auf dem Vektor in Abhängigkeit vom Bezugssystem sind die Koordinaten.
Maß:	der Betrag, die positive Maßzahl zwischen dem Anfangs- und Endpunkt.
Eigenschaften:	Betrag, Koordinaten, Richtung

Der K-Wert als Maß für die Struktur der Gedanken

Jede Kategorie repräsentiert eine Klasse von Aussagen über Wahrnehmungen und Gedanken. Je mehr Aussageklassen beantwortet werden, desto klarer ist das Bild und desto deutlicher sind die Worte, die diese Wahrnehmungen oder Gedanken systematisieren. Nimmt man an, dass sich die subjektive Erkenntnis durch zwölf Kategorien strukturieren lässt, dann ist über die Vollständigkeit der Erkenntnis zu folgern: Werden alle zwölf Kategorien beantwortet, so ist der maximale Wert der Struktur und die Vollständigkeit eines Gedankens erreicht. Je mehr Kategorien beantwortet sind, desto trennschärfer wurde gedacht, desto umfangreicher ist die Aussage über einen Gegenstand und desto umfangreicher ist der Sinngehalt eines Objekts. Der Wert der Vollständigkeit und der Struktur der Gedanken, einer Aussage oder einer Wahrnehmung wird an dieser Stelle als der K-Wert bezeichnet. Folgende Aussage wird auf Anzahl der beantworteten Kategorien überprüft:

„Ich weiß, wie etwas geht, wenn ich Grund und Zweck begreife, weil ich Ursache und Wirkung beobachte, und zwar durch Betrachten jener wichtigen Merkmale, welche ich an verschiedenen Orten zu unterschiedlichen Zeiten wahrgenommen und mit geeigneten Methoden unter überprüfbaren Bedingungen erfasst habe."

Diese Aussage ist vollständig kategorisiert, d.h. es werden alle zwölf Kategorien genannt, bzw. beantwortet. Um das zu zeigen, wurde an den entsprechenden Textstellen die Kategorie und das dazugehörige Fragepronomen in Klammern eingefügt.

„Ich weiß, wie [Art und Weise=WIE?] etwas [Wesen=WAS?] geht, wenn ich Grund [Grund=Weshalb?] und Zweck [Zweck=WOFÜR?] begreife, weil ich Ursache [Ursache=WARUM?] und Wirkung [Wirkung =WOZU?] beobachte, und zwar durch Betrachten jener wichtigen [Maß=Wie VIEL?] Merkmale [Eigenschaften=WELCHE?], welche ich an verschiedenen Orten [Raum=WO?] zu unterschiedlichen Zeiten [Zeit =WANN?] wahrgenommen und mit geeigneten Methoden [Mittel=WOMIT?] unter überprüfbaren Bedingungen [Umstand=WOBEI?] erfasst habe."

Der K-Wert hat den Wert 1.0 bei zwölf beantworteten Kategorien. Jede nicht beantwortete Kategorie verringert den K-Wert 1.0 um ein Zwölftel. D.h. zum Beispiel bei sechs beantworteten Kategorien beträgt der K-Wert 0.5. In einer Reihe von Aussagen, Gedanken oder Wahrnehmungen kann der K-Wert in ein Koordinatensystem projiziert werden. Dabei wird jede Aussage durch einen Punkt im Koordinatensystem repräsentiert. Je mehr sich die Punkte der Ideallinie (K = 1.0) nähern, desto mehr Kategorien werden beantwortet. Während der Wahrnehmung und somit auch während der Konzentration können damit kleine oder größere Abweichungen von der Ideallinie festgestellt werden.

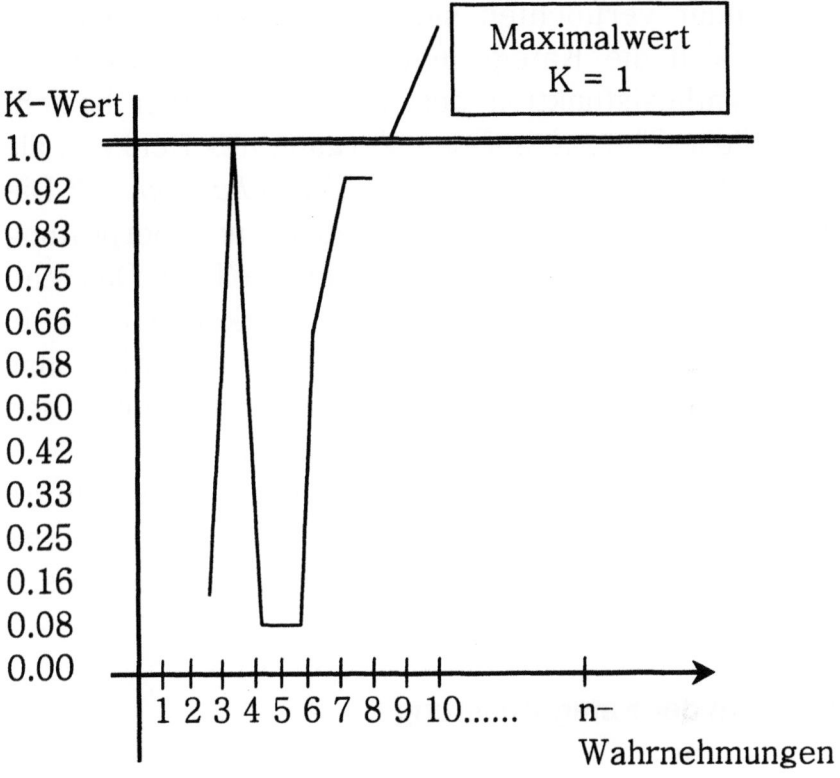

Das Beispiel in der Abbildung zeigt acht Wahrnehmungen, die jede für sich in unterschiedlichem Umfang kategorisiert wurden. Vorstellbar ist, dass der K-Wert zur Überprüfung von Aussagen in Texten ermittelt werden kann. Dadurch wird auch hier nicht der Wahrheitsgehalt geprüft, sondern die Vollständigkeit der Aussage im Text. Als eine Aussage

im Text wird sowohl ein Satz, eine Satzfolge, ein Textabschnitt sowie ein gesamter Text verstanden. Texte können aus mehreren Aussagen bestehen, die ineinander verflochten sind. Nach Baumgartner erweist sich die Kategorienlehre Kants als „Theorie der Synthesisfunktion des Urteils".[31] Dabei bezieht sich diese Theorie auf den Vorgang des Denkens als „...*Funktion der Synthesis von Vorstellungen*...".[32] Die Kategorien eignen sich dann auch zur Überprüfung von Aussagen beispielsweise in einem Text. Das Maß der Erfahrungen steht mit der Erkennbarkeit in inhaltlichem Zusammenhang, ebenso wie das Konstruktionsverfahren des Denkens mit den synthetischen Urteilsfunktionen der Kategorien.
Folglich eignen sich die synthetischen Urteilsfunktionen der Kategorien sowohl zur Überprüfung von Aussagen als auch zur Rekonstruktion des Denkens.

Grenzen der Kategorisierung

Durch die vollständige Kategorisierung wird eine Aussage vollständig erfasst. Begriffe werden durch das Kategorisieren vollständig bestimmt. Durch die vollständige Bestimmung eines Gegenstandes wird dieser aber auch in sich selbst fixiert. Darüber hinaus

---

[31] Baumgartner, *Kategorie*, 1973, S. 769.
[32] Ebd.

beschreiben die Kategorien einen Teilbereich des natürlichen Entwicklungsmusters:

„Was auf natürliche Weise entsteht, entwickelt sich aus einem bestimmten Grund, entfaltet sich zu einem Wesen mit Eigenschaften besonderer Ausprägung, braucht seinen ihm eigenen Lebensraum, um für eine bestimmte Zeit existieren zu können, ist Ursache für Veränderungen, verantwortlich also für Wirkungen im Blick auf nachfolgende Wesen. Was auf natürliche Weise entsteht, erhält auch von der Natur seine Art und Weise, sich zu verhalten und die Mittel, um mit widrigen Umständen fertig zu werden, damit es den Selbst-Zweck seines Daseins zu erfüllen vermag."[33]

In dieser Darstellung eines allgemeinen und natürlichen Entwicklungsprozesses werden alle zwölf Kategorien genannt. Die Beschreibung der Kategorien erhebt den Anspruch auf Vollständigkeit. Mit dem Anspruch auf Vollständigkeit entstehen jedoch Problemfelder.

"Erschöpfen nämlich die Kategorien alle Momente des Verstandes, so müssen sie aus einem Prinzip der Einheit alles Wissens abgeleitet werden können. ... Dann aber werden die bei Kant noch nebeneinanderstehenden vier Kategorien-Gruppen notwendigerweise aufeinander bezogen und es entsteht die Frage, wie, und in welcher

---

[33] Schmid, *basic instinct*, 1994, S. 275.

Reihenfolge sie aus dem obersten Grundsatz alles Wissens sich entwickeln lassen."³⁴

Zum anderen entsteht ein weiteres Problemfeld aus der Totalität der Kategorien. Reine Begriffe und Aussagen sind aufgrund ihrer selbst festgelegt. Arnheim beschreibt die Allgemeinheit eines Begriffs im Zusammenhang des Wahrnehmens wie folgt:

> „Ein Begriff im herkömmlichen Sinne ist einer, von dem alles außer seinen Invarianten subtrahiert ist und der uns ein makelloses Gedankending von hochgradiger Allgemeinheit darbietet. ... Das Ding sieht jedes Mal gleich aus..."³⁵

Der Begriff vermittelt somit Sicherheit über das Begriffliche, das ist der Begriffsinhalt, durch seine Konstanz. Zugleich entsteht hier eine Einschränkungen für die menschliche Einsicht durch die Starrheit der Konstanz eines Begriffs.

> „Eine sehr verbreitete Art von unintelligentem Verhalten beruht gerade auf einem solchen Mißbrauch des Konstanzprinzips, nämlich auf der Annahme, daß was bisher richtig war, auch weiterhin richtig sein muß."³⁶

---

[34] Baumgartner, *Kategorien*, 1973, S. 770.
[35] Arnheim, *Anschauliches Denken*, 1996, S. 52.
[36] Arnheim, *Anschauliches Denken*, 1996, S. 52.

So führt auch das reine, ausschließliche Kategorisieren durch seine Totalität zu einem starren System, in dem keine Produktivität, Erneuerungen und Kreativität zulässig sind. Der Begriff lässt aufgrund seiner Starrheit keine Entwicklung zu. Andererseits ermöglichen gerade die Kategorien die Erkenntnis von den Gegenständen und ihrer Wahrnehmung in der Vielfalt des Denkens. Der Gebrauch der Kategorien ist nach Möglichkeit soweit einzuschränken, dass sich dieser auf den Bereich der möglichen Erfahrungen bezieht.

Nichts ist so stetig wie der Wechsel

Jede Veränderung, jede Innovation und jede Entwicklung ist initiiert durch Wechselwirkungen. Diese Wechselwirkungen werden als gegensätzliche Kräftepaare beschrieben. Wechselwirkungen überwinden die Eigenschaft der Starrheit eines Systems und sind der Urgrund der Vielfalt. Dieses spiegelt sich auch im Denken wider: Ohne Wechselwirkungen wäre Denken kein Prozess, sondern ein statisches Moment. Ästhetische Kräfte repräsentieren diese Wechselwirkungen innerhalb der ästhetischen Prozesse. Die Bezeichnung Radiale verdeutlicht, dass die Wechselwirkungen der ästhetischen Kräfte natürliche Zyklen sind.

Der Antrieb für das produktive Denken

Begriffe sind Konstrukte. Sie haben das Ziel, dass der Inhalt des Begriffs das Begriffliche zuverlässig beschreibt. Die Festlegung der Begriffe durch das Betrachten der Aussagen anhand von Kategorien führt im Prozess des Denkens allerdings zu einem starren System. Produktives Denken entsteht dann und nur dann, wenn die Begriffsformen sich entwickeln können. Das setzt Wechselwirkungen zwischen den Begriffen, zwischen den Inhalten und zwischen Gedanken voraus. Die Wechselwirkung ist ein natürliches Prinzip der Veränderung und begründet sich mit dem Aufeinandertreffen von unabhängigen Ganzheiten.

Damit etwas Neues entstehen und entdeckt werden kann, müssen Veränderungen zulässig sein und wahrgenommen werden können. Veränderungen führen zu produktivem Denken und umgekehrt. Eine Voraussetzung für das Entdecken von Neuem ist die ästhetische Wahrnehmung. Durch die ästhetische Wahrnehmung wird das Wahrgenommene verschiedenen Umständen ausgesetzt und dort betrachtet. Dieses führt dann zu neuen Erkenntnissen über das Wahrgenommene.

> „In der Wahrnehmung liefert uns die ästhetische Haltung das beste Beispiel. ...Sie beschenkt uns mit einer Fülle von Seherlebnissen, und sie untersucht die Natur des Gegenstandes, indem sie ihn verschiedenen Umständen aussetzt. ...So wie man die Mondgebirge nur sieht, wenn das Sonnenlicht seitlich einfällt und Schatten wirft, so hält der Wissenschaftler dauernd Ausschau nach neuen Umständen, nicht weil alles Neue an sich sammelnswert wäre, sondern weil es häufig neue Einsichten vermittelt."[37]

So ist zum Beispiel ein Bild, auf dem Objekte und gleichzeitig die Sonne *ohne* das Wechselspiel von Licht und Schatten dargestellt sind, ein absolutes Bild. Es wirkt starr und ohne Entwicklungsmöglichkeiten. In der Pädagogik ist es vergleichbar:
Die Behandlung der Theorie des Unterrichts ohne die Wechselwirkung mit der Praxis in der Schule führt

---

[37] Arnheim, *Anschauliches Denken,* 1996, S. 52.

die Pädagogik in eine absolute Wissenschaftsrichtung jenseits der Realität. Jede Auseinandersetzung mit einem Sachverhalt getrennt in Theorie und Praxis ist eine unzureichende. Die Trennung von Theorie und Praxis wird auf die Einführung „Begriff" bei Sokrates zurückgeführt. Der Begriff hat bei Sokrates das Ziel, etwas unabhängig von der Erfahrung definieren zu können. Diese Teilung führt auch zu einem falsch verstandenen Theoriebegriff. Die Theorie ist die Antizipation, d.h. die Vorwegnahme der Praxis. Theorie und Praxis sind untrennbar miteinander verbunden. Die Einführung des Begriffs und die missverständliche Trennung von Theorie und Praxis haben in der Pädagogik entsprechende Auswirkungen:

> „Mit der Erziehung und Bildung nach Sokrates beginnt das Gehirn, seine Aktivitäten weitgehend auf bloße Gedächtnisfunktionen zu reduzieren. ...Pädagogisch bedeutet das eine erhebliche Verlängerung der Lernzeiten bei radikaler Senkung des inhaltlichen Niveaus. Sokrates´ Erfindung des Begriffs ist der unmittelbare Grund eines zutiefst langweiligen Unterrichts."[38]

Nur die Überwindung der Trennung von Theorie und Praxis führt zu neuen Wirkungseinheiten in der Pädagogik. Nur Elemente von Systemen, die zueinander in Wechselwirkungen treten können, erzeugen neue Wirkungseinheiten. Gerd Binnig, Nobelpreisträger der

---

[38] Schmid, *Spielregeln des Erfolgs*, 2001, S.107.

Physik, entwickelt mit diesem Verhältnis der Elemente eine Definition von Kreativität:

„Kreativität ist das Ermöglichen neuer Wirkungseinheiten, und sie ist lokal."[39]

In dieser Definition steckt auch der Hinweis, dass die Kreativität an ihrem Erscheinungsort wirksam ist. So können beispielsweise an zwei verschiedenen Orten zwei völlig identische Handlungen durchgeführt werden – und trotzdem ist jede für sich eine kreative Handlung. Wirkungseinheiten bestehen aus Untereinheiten, wirken aber als Ganzes. Wird ein Element der Einheit entfernt, so entsteht ein zusammengesetztes neues Ganzes. Beispielsweise ändert sich die Eigenschaft eines Moleküls, wenn ein Element ausgetauscht wird. Ein Buch wird einen anderen Eindruck beim Leser hinterlassen, wenn ein Kapitel hinzugefügt oder weggenommen wird. Jedes Team wird sich anders entwickeln oder andere Ergebnisse erzielen, sobald ein Element in diesem Team ausgetauscht wird. Das gilt für den Vorstand eines multinationalen Konzerns ebenso wie für eine Fußballmannschaft der Kreisklasse oder eine Familie.

---

[39] Gerd Binnig, *Aus dem Nichts*: Über Kreativität von Mensch und Natur (München: Piper, ²1997 [¹1992]), S. 29.

Ästhetische Prozesse - produktives Denken

Wechselwirkungen ermöglichen die natürlichen Spielarten jeder Veränderung. Die spielerischen oder zufälligen Begegnungen der Wirkungseinheiten führen zu Kreationen, zu Veränderungen und Erneuerungen. Dieses natürliche Prinzip wird hier übertragen auf den Prozess des Denkens. Durch Wechselwirkungen wird der Prozess des Denkens produktiv. Das Objekt, über das gedacht wird, wird geöffnet für weitere bisher nicht gekannte Möglichkeiten. Die Starrheit von Begriffen wird überwunden. Der spielerische Umgang mit den Begriffen, den Elementen und mit den Gedanken erzeugt Vielfalt und somit auch kreatives Denken. Entwicklung, Erneuerung und Veränderung sind natürliche Prinzipien der Vielfalt. Die Kombinationen und der gegenseitige Einfluss von ästhetischen Prozessen und Kategorien werden im Folgenden als Grundlagen der Vielfalt in der Natur betrachtet. Aus dem starren System der reinen Kategorien wird durch den Einfluss der ästhetischen Prozesse ein flexibles System, in dem Entwicklung, Kreativität und Erneuerungen möglich sind. Die Natur ist nicht starr, sondern schöpferisch.

Heraklit und der Fluss des Widerspruchs

Die Idee, das Entwicklungen und Veränderungen auf der Grundlage von Gegensätzen entstehen, stammt innerhalb der abendländischen Kultur von Heraklit [ca. 544 – 484 v. Chr.]. Nach Heraklit hat die gesamte Wirklichkeit einen prozesshaften, dynamischen Charakter. Die Dynamik der natürlichen Prozesse, also auch des Denkens, muss erkannt und zugelassen werden, um diese Prozesse analysieren zu können. Denken ist kein Zustand, sondern ein Prozess! „Alles fließt" bedeutet, dass nichts Bestand hat. Alles ist in Veränderung. Die Veränderung wird initiiert durch die gegeneinander wirkenden Kräfte in der Natur. Die Dialektik ist das Prinzip des „Kampfes" der Gegensätze. Der Begriff „Kampf" bedeutet in diesem Zusammenhang nicht eine aggressive Auseinandersetzung, die mit dem Sieg des einen und der Niederlage des anderen endet. Wenn das so wäre, gäbe es keine Entwicklung mehr und das System würde aus dem Gleichgewicht geraten. Vielmehr bedeutet Kampf hier die ständige gegenseitige Einflussnahme – und das sind Wechselwirkungen. Erst der Kampf der Gegensätze führt zur Harmonie.

„Auf Heraklit berufen sich die materialistischen Dialektiker auch, wenn sie die 'Dialektik der Natur' in widersprüchlichen Aussagen beschwören, wie er es tat: Das Kämpfende vereinigt sich, aus Getrenntem – schöne Harmonie, und alles geschieht durch den Kampf."[40]

Der Kampf der Gegensätze wird im Folgenden mithilfe ästhetischer Kräftepaare bzw. den ästhetischen

---

[40] Wolfhart F. Matthäus, *Denken dialektisch gedacht* (Innsbruck, Wien: Studien-Verlag, 1999), S. 387.

Prozessen beschrieben. Der „Urgrund" als Einheit der Vielfalt begründet zugleich die Hinführung auf das Widersprüchliche bzw. das Gegensätzliche als Antrieb sämtlicher Entwicklung in der Natur. Dieser Aspekt wird im Folgenden erläutert, um einen Zugang zu den ästhetischen Prozessen der Natur zu ermöglichen.

Die ästhetischen Prozesse als Urgrund aller Vielfalt

Die ästhetischen Prozesse sind der Urgrund aller Vielfalt. Zu der Vielfalt der Natur gehört auch die Vielfalt des Denkens. Die Vielfalt des Denkens ist gleichsam die Vielfalt der Organisation der Gedanken. Schmid verweist in diesem Zusammenhang auf den Bauhaus Künstler Paul Klee, der geistige Prozesse als natürliche Vorgänge auffasst, die sich gestalterisch umsetzen lassen. Dadurch gelingt eine Ästhetisierung von ansonsten nicht vernehmbaren Bewusstseinsprozessen.

- „Grundsätzlich handelt es sich bei Wahrnehmungen um Verzweigungen bzw. Vernetzungen im Gehirn.
- Die einfachste Form lässt sich mit der Grundstruktur einer Pflanze vergleichen.
- Je nach Beteiligung der natürlichen Kräfte (Same, Keim, Wurzel) gestaltet sich das Wachstum der Strukturen unterschiedlich."[41]

---

[41] Schmid, *basic instinct*, 1994, S. 257.

In diesen Gedanken ist das natürliche Prinzip der Wechselwirkungen und Veränderungen enthalten. Die Wechselwirkungen werden oft als Wechselspiel wahrgenommen. Das Wechselspiel der Natur beschreibt Schmid in „basic instinct" [1994] ausführlich in einzelnen Modulen als das Spiel der ästhetischen Kräfte. Die Inhalte der Module werden hier nur in verringertem Umfang wiedergegeben, um dem Leser den Weg für das Verständnis für die ästhetischen Prozesse zu ebnen. Ästhetische Kräfte sind bei Schmid elementare,

> „naturhafte Bewegungen, die sich nicht weiter in Komponenten zerlegen lassen. Diese Bewegungen finden sich in allem Natürlichen und naturgemäßen Denkweisen."[42]

Es gibt vier ästhetische Prozesse die sich als Kräftepaare präsentiert werden:

1. Alles in der Natur wird größer (Symbol <) in der Natur wird kleiner (Symbol >)
2. Alles in der Natur verdichtet sich (Symbol *); Alles in der Natur löst sich auf (Symbol :)
3. Alles in der Natur wird mehr (Symbol +); Alles in der Natur wird weniger (Symbol -)
4. Alles in der Natur gleicht sich an (Symbol =); Alles in der Natur unterscheidet sich (Symbol ≠)

---

[42] Ebd., S. 365.

binden	*	lösen	:
hinzufügen	+	wegnehmen	-
größer werden	<	kleiner werden	>
gleich werden	=	ungleich werden	≠

Ästhetische Kräfte treten in der Natur immer paarweise im ästhetischen Prozess der Veränderung auf. Wäre jeweils nur eine Kraft wirksam, ohne die ausgleichende Gegenkraft, so würde die Natur aus dem Gleichgewicht geraten.

Denken – Ein Prozess der Widersprüche

Das gegensätzliche Prinzip gilt auch „im Denken in Widersprüchen". Das natürliche Prinzip des Denkens in Widersprüchen ist Voraussetzung für die Entwicklung von Gedanken. Widerspruch heißt hier das Vorhandensein von Polarität. Durch die Polarität in dem Kräftesystem entsteht ein Potential oder auch Spannung. Durch diese Spannung wird die Bewegung initiiert, die zum Ausgleich der Kräfte innerhalb des ästhetischen Prozesses führt.
Matthäus hat den Widerspruch wie folgt beschrieben:

> „Widerspruch – das Negierte ist mit seinem Komplement gleichzeitig. Gleichzeitig, das heißt beide Pole sind ohne Isolation von einander anwesend oder aktiv oder gültig (und nicht nur möglich wie in einer Disjunktion) – sie bilden eine Polarität. Mindestens entsteht eine Spannung,

die eine Bewegung zum Gleichgewicht der Kräfte erzwingt."[43]

Der Begriff Polarität beschreibt die Gegensätzlichkeit bei gleichzeitiger wesenhafter Zusammengehörigkeit. Spannung beschreibt einen Potentialunterschied innerhalb eines Systems. Bei einer Spannung handelt es sich immer um ein Kräftepaar mit entgegengesetzten Wirkungen. Ein weiteres natürliches Prinzip in diesem Zusammenhang besteht darin, dass das Kräftepaar um einen Ausgleich der Spannung bemüht ist. Sobald Spannung existiert, existiert auch potentielle Bewegung. Die potentielle Bewegung wird zur realen Bewegung, wenn das System die Möglichkeit zum Ausgleich der Potentialunterschiede hat. Widerspruch hat in diesem Zusammenhang die allgemeine Bedeutung von gleichzeitigem Auftreten von Differenzen. Das entspricht der Bedeutung von Polarität. Der Widerspruch im Sinne von Polarität gilt für alle natürlichen Prozesse, somit auch für den Prozess des Denkens. Wenn alles in der Natur aufgrund von Gegensätzen entstanden ist, wenn sich alles in der Natur aus Widersprüchen entwickelt hat, auch das Denken, so sollte auch das Denken durch Widersprüche initiiert sein. Ist ein Widerspruch im Denken von Widersprüchen möglich, so ist das Prinzip bestätigt. Das ist die Dynamik von Widersprüchen. Das „Dia-

---

[43] Matthäus, *Denken dialektisch gedacht*, 1999, S. 387.

lektische" der ästhetischen Kräfte hat in diesem Sinne eine besondere Bedeutung, die sich auf eine bestimmte Ordnung des Gegensätzlichen bezieht. Das heißt aber auch, es handelt sich nicht um irgendwelche, sondern bestimmte Kräfte, die gegeneinander und somit miteinander wirken können. Daraus folgt der Schluss, dass gegensätzlich wirkende Kräfte zu natürlichen Entwicklungsprozessen führen. Die Gegensätze beeinflussen sich gegenseitig. Dadurch setzen sie den Entwicklungsprozess in Bewegung. Dieses ist nur möglich, wenn den Gegensätzen auch Raum und Zeit zum Wirken, in diesem Sinne zum Entwickeln zur Verfügung stehen.

Duplizitäre ästhetische Kräftepaare

Die ästhetischen Kräfte sind paarweise voneinander abhängig. Dass keine Kraft ohne die andere wirken kann, beschreibt Abel mit dem Hinweis, dass sich zugleich Dominanzen aus der Duplizität der Kräfte ergeben:

> „1. Indem die Natur verdichtend (bzw. bindend) gestaltet, begreift sie in eins und zugleich das Auflösen, um das Verdichtete (bzw. Gebundene) wieder in seinen Gegensatz umkehren zu können.
> 2. Indem die Natur zunehmend (bzw. hinzufügend) gestaltet, begreift sie in eins und zugleich das Abnehmen (bzw. Wegnehmen), um das Erzeugte wieder in seinen Gegensatz umkehren zu können.

3. Indem die Natur vergrößernd gestaltet, begreift sie in eins und zugleich das Verkleinern, um das Vergrößerte wieder in seinen Gegensatz umkehren zu können.
4. Indem die Natur angleichend gestaltet, begreift sie in eins und zugleich das Unterscheiden, um das Angeglichene (bzw. einander Ähnliche) wieder in seinen Gegensatz umkehren zu können."[44]

Wie wirken die ästhetischen Kräftepaare? Die ästhetischen Kräftepaare verursachen durch ihr gegensätzliches Wirken ein Umschlagen einer Entwicklungsrichtung in der Nähe eines kritischen Punktes. An diesem Umschlagpunkt steht ein Phasenwechsel bevor.

„Ohne merkliche Änderung der Parameter wechselt das System sozusagen ins andere Extrem: Die fortgesetzte Gastfreundschaft wird zur Qual. Die spürbare Bifurkation [Gabelung in zwei unterschiedliche Fortsetzungen, d. Verf.] wird zur Neugier, denn sie birgt ein höheres Risiko: Reichtum oder Ruin? Gleich entscheidet es sich. Oft präsentieren sich die Extreme nicht virtuell, sondern real: Schmeichelei ist oft mit Spott durchsetzt; ..."[45]

Es gibt somit einen Bereich im ständigen Kampf der Gegensätze, an dem das Verhältnis der beiden Extreme umschlägt. Das heißt aber nicht, dass die Wirkungsrichtung der gegensätzlichen Kräfte umschlägt,

---

[44] Abel, *Die Frage nach Gott oder Über den Ursprung alles Natürlichen*, 1999, S. 16 f.
[45] Matthäus, *Denken dialektisch gedacht*, 1999, S. 388.

sondern nur dass die Dominanz zwischen den beiden Kräften wechselt. Aus jedem ästhetischen Kräftepaar wird eine Operation (OT) abgeleitet. Dabei werden die gegensätzlich wirkenden Kräfte als Operanden betrachtet. Der Operator wird jeweils durch die dominierende Kraft gestellt. Mit anderen Worten: In diesem Stadium der Entwicklung ist innerhalb eines Kräftepaares jeweils ein Operand (OD) zugleich Operator (OP). Dadurch werden die Kräfte eines Paares zu Operanden, die ein Verhältnis zueinander haben. Dieses Verhältnis verändert sich durch die Operation.

Der ästhetische Prozess als mathematische Operation

Die Operation der sich im ständigen Kampf befindlichen gegensätzlichen Kräfte ist ein messbarer Prozess. Die Operation zeigt sich in der Veränderung der Umgebung in Abhängigkeit von der Zeit. Das Verhältnis zwischen zwei Operanden innerhalb eines Bezugssystems kann als Winkel dargestellt werden. Das sich verändernde Verhältnis ist folglich eine Winkelfunktion mit folgenden Kennzeichen:

- Das sich verändernde Kräfteverhältnis in Abhängigkeit von der Zeit ist die jeweilige Steigung an der Stelle x in einer Sinusfunktion $F(x)=\sin x$. Steigung der Funktion ist $\Delta Kraft/\Delta Zeit$. Das entspricht der Tangente y' an einem beliebigen Punkt x.

- Die Umschlagpunkte der Dominanz zwischen den Kräften sind die jeweiligen Wendepunkte.
- Die Punkte, an denen nur noch eine Kraft dominieren würde, sind die Extremwerte.

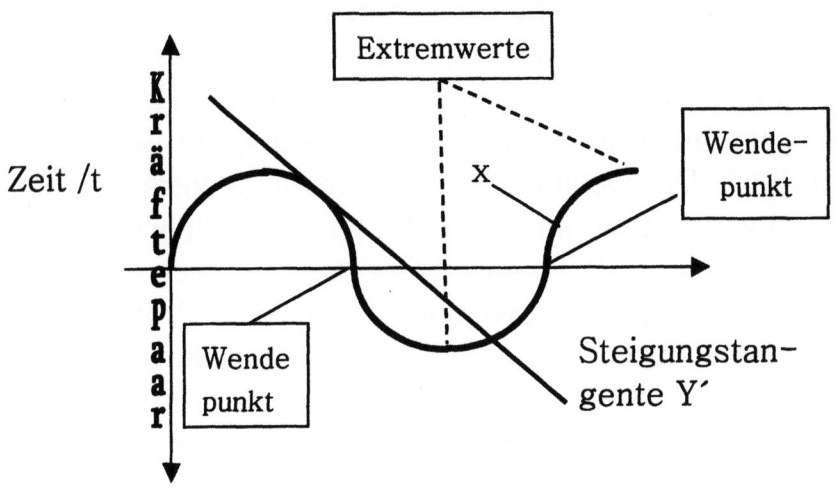

Radiale –
Initiatoren der natürlichen Entwicklung

Der ständige Kampf der Gegensätze ist der Initiator der natürlichen Entwicklung. Initiatoren sind Auslöser, sie sind verantwortlich für den Beginn einer Entwicklung. Radiale ergeben sich aus entgegengesetzt wirkenden Kräftepaaren. Sie sind Repräsentanten der natürlichen Entwicklungsprozesse, die sich als Kreisläufe darstellen und die idealisiert in einer Sinusfunktion gezeigt werden können (s.o.). Radiale

initiieren Veränderungen, Entwicklungen und Erneuerungen. Durch Initiatoren entsteht Bewegung in allen natürlichen Prozessen, das gilt auch für Denkprozesse. Das natürliche Spiel der Widersprüche ist ein Kreislauf. Alles wiederholt sich – wenn auch nicht in seiner Einmaligkeit. Aus diesem Grund wird das Wechselspiel der Widersprüche im Folgenden Radiale genannt. Analog zu den darzustellenden Kreisläufen werden auch die Module des Denkens, die Gedanken, initiiert. Die Gedanken verlaufen nicht gerade, sondern kreisen um die zu verarbeitenden Wahrnehmungen. Da die Kräfte sowohl Operand als auch Operator sein können, muss zwischen Status und Prozess unterschieden werden. Der Status entspricht dem Verhältnis der Kräfte eines Kräftepaares. Der Prozess entspricht der Operation, d.h. der Veränderung des Verhältnisses der beiden Kräfte in Abhängigkeit zum wirkenden Operator.

Radiale des Größer- und Kleinerwerdens

Operation:
größer werden/ kleiner werden <> → ><

Bei Fortführung der Operation <> wechseln wieder der Operator und der Operand und es entsteht ein Kreislauf. Dieser Kreislauf ist ein Repräsentant. Kleiner und größer beschreibt ein Verhältnis (zueinander)

1. <> Das Größer wird so lange kleiner, bis es kleiner ist >>. Das Verhältnis kehrt sich um (Wechsel Operand).
2. >> Wird das Kleiner weiterhin kleiner, dann wird es wieder größer, da es sich um die Darstellung eines Verhältnis handelt (Wechsel des Operators) ><.
3. >< Das Kleiner wird so lange größer, bis es größer ist <<. Das Verhältnis kehrt sich um (Wechsel Operand)
4. >> Wird das Größer weiterhin größer, dann wird das Verhältnis (Operand) nicht geändert (größer bleibt größer) aber der **Operator muss wechseln**, da das Größer irgendwann die Grenzen des Systems, welches wir noch nicht bestimmt haben, erreicht hat. Jedes System hat seine Grenzen, das Universum, wie auch die Möglichkeiten der neuronalen Verknüpfungen. Selbst unendliche Systeme haben ihre Grenzen, die liegen dann nur in diesem speziellen Fall im Unendlichen. Da die Operation weiterläuft und nicht gestoppt wird (kann die Operation gestoppt werden?), bleibt nur die Möglichkeit, das der Operator wechselt von größer < auf kleiner > werden.

Verhältnis, das ist der Aspekt „Status" zum Aspekt „Prozess" dessen, was sowohl als Zustand als auch als Vorgang erscheint. Im Gegensatz zu Operanden gehen Operatoren kein Verhältnis zueinander ein.

Prinzip:
>   Alles in der Natur wird größer (>)
> vs. Alles in der Natur wird kleiner (<)

Wenn etwas größer wird, wird etwas anderes kleiner. Dadurch wird das Verhältnis von größer und kleiner verändert.

Prozess:
Das Größerwerden (>) wird immer kleiner (> <). Das ist eine Operation, bei der das Größerwerden der Operand und das Kleinerwerden Operand und zugleich auch der Operator ist. Das Größerwerden wird kleiner. Gleichzeitig wird das Kleinerwerden größer. Bei Fortführung der Operation <> wechseln der Operator und Operand. Es entsteht ein Kreislauf. Das Größer- und Kleinerwerden beschreibt den natürlichen Prozess des Wachstums.

Zustand:
Das Verhältnis von größer zu kleiner verändert sich, sobald der Prozess beginnt. Der Zustand „ist größer als" wechselt, wenn das Größer so klein geworden ist, dass es kleiner ist als das Kleiner. Dann wechselt das „Größer als" in das „Kleiner als".

Beispiel:
Alles in der Natur wächst. Auch der Mensch wächst ganzheitlich, d.h. körperlich, geistig und seelisch. Innerhalb bestimmter Grenzen kann der Mensch diesen

Wachstumsprozess beeinflussen. Der physische Wachstumsprozess verlangsamt sich ab einem bestimmten Alter. Der geistige Wachstumsprozess verlangsamt sich, wenn keine weitere geistige Auseinandersetzung mit sich selbst und der Umwelt gefordert wird. Der geistige Wachstumsprozess kann aber auch beschleunigt werden, wenn das Gehirn entsprechend gefordert wird.

Radiale des Bindens (*) und Lösens (:)

Operation: binden/verdichten – lösen * :

Das Binden löst sich auf * : Dieser Vorgang besteht so lange, bis sich das Verdichtete aufgelöst hat. Der Operand löst sich auf. Der Operator wechselt zum Operand. Der Operand wird Operator.
- **Gleichzeitig** wird das Lösen verdichtet : *
- **Es gibt keine Auflösung ohne Verdichtung.** Es besteht eine **Wechselwirkung** zwischen Lösen und Verdichten. Bsp.: Materie und Energie
- Diese Operation steht für die Einheit des Gegensätzlichen .
- Der Graph für Verdichten und Auflösen ist die liegende Acht

Prinzip:
    Alles in der Natur löst sich auf (:)
vs. Alles in der Natur verdichtet / bindet sich (*)

Es gibt kein Auflösen (:) ohne gleichzeitiges Verdichten (*).
Es gibt kein Verdichten (*) ohne gleichzeitiges Auflösen (:).

Prozess:
Das Verdichtete (*) löst sich auf (*:) und gleichzeitig verdichtet sich das Aufgelöste (:*).

Zustand:
Das Verdichtete ist das Sein und das Aufgelöste ist das Nicht-Sein.

Beispiel:
Der Wechsel von Tag und Nacht: Der Wechsel von Tag und Nacht wird als Dämmerung erfahren. Die Dämmerung wird aufgrund der Erfahrung als Gleichheit von Tag und Nacht angesehen. Es ist die Erfahrung des Übergangs. Gleichheit von Tag und Nacht ist immer eine Momentaufnahme einer Operation von zwei Operanden (Tag und Nacht) sowie eines Operators (Tag oder Nacht als dominierende Kraft). Bei einer „qualitativen" Betrachtung des Wechselspiels von Tag und Nacht wird der gegensätzliche Prozess des Lösens (:) und Verdichtens (*) dargestellt: Der Tag bzw. die Nacht werden in ihren Dimensionen (räumlichen Ausdehnungen) nicht größer oder kleiner, sondern Tag und Nacht sind Erscheinungen mit zunehmender und abnehmender Intensität von Hell und Dunkel. Besonders deutlich sind die Auflösungs- bzw.

Verdichtungsprozesse während der Dämmerung zu beobachten.

Radiale des Angleichens (=) und Unterscheidens (≠)

Operation: angleichen / unterscheiden = ≠

1. Das Gleiche wird ungleicher = ≠ Das geht so lange, bis das gleiche völlig verschieden ist.
2. An diesem Punkt kommt es zum Operandenwechsel ≠ ≠
3. Wird das Ungleiche weiter ungleich, so gleicht es sich wieder aneinander an, d.h. der Operator wechselt ≠ =
4. Das Ungleiche wird so lange gleich, bis es wieder gleich ist (Operandenwechsel) ==

Prinzip:
   Alles in der Natur gleicht sich an (=)
vs. Alles in der Natur unterscheidet sich (≠).
Der ständige Wechsel von Angleichen und Unterscheiden beschreibt den Wechsel der Eigenschaften.

Prozess:
Das Gleiche wird ungleicher und das Ungleiche gleicht sich an.

Zustand:
Der Zustand wechselt, da das Gleiche so ungleich wird, bis es völlig unterschiedlich ist. Wird das Ungleiche weiter ungleich, so wechselt der Zustand wieder: Das Ungleiche wird wieder gleich.

Beispiel:
1. Jedes Subjekt gleicht sich an. Es muss sich angleichen, um in einer Bindung, Beziehung oder Gesellschaft eine bestimmte Rolle einnehmen zu können.
2. Das jeweils umfassende System menschlichen natürlichen Zusammenlebens bestimmt, welche Rollen eingenommen werden müssen. Das Subjekt gleicht sich anderen Subjekten an, sofern es mit diesen kommuniziert.

Andererseits unterscheidet sich jedes Subjekt von anderen, auch innerhalb der gleichen Art.

> „Selbst wenn wir ein mikroskopisch kleines Teilchen mit 10^{12} Atomen nehmen, ist es äußerst unwahrscheinlich, daß zwei ihrer Strukturen nach vollkommen identische Staubteilchen auf der Welt existieren. ... Und kommen wir schließlich zum Menschen, dann ist eine Austauschbarkeit gänzlich unmöglich – sogar theoretisch."[46]

Das Subjekt nutzt und braucht den Unterschied zu anderen Subjekten, um sich von diesen hervorzuhe-

---

[46] Binnig, *Aus dem Nichts*, 1997, S. 30.

ben. Beim Menschen wird das Bestreben nach Unterscheidung innerhalb bestimmter Grenzen „Individualität" genannt.

Radiale des   Zunehmen / Hinzufügen   (+) und
Abnehmen / Wegnehmen   (-)

Operation:

Das Zunehmen + nimmt ab − und das Abnehmen − nimmt zu + durch die natürlichen Prozesse der Dynamik. Eine Beschleunigung + von Prozessen nimmt ab − bevor das Ziel erreicht ist.

Prinzip:
  Alles in der Natur nimmt zu (+)
vs. Alles in der Natur nimmt ab (−)

Der ständige Wechsel des Hinzufügen bzw. Zunehmen und Weg- bzw. Abnehmen beschreibt den Prozess des „Werdens und Vergehens". Etwas wird, etwas anderes vergeht.

Prozess:
Das Werdende nimmt immer weiter ab. Das Vergehende nimmt immer weiter zu.

Zustand:
Das Werdende wird so lange, bis es wieder vergeht. Nichts ist ewig. Nach Überschreiten eines kritischen

Bereichs wechselt das Werdende seinen Zustand, es wird zum Vergehenden.

Beispiel:
Wechsel der Tageszeiten als Prozess von Zunehmen (+) und Annehmen (−):
Bei der Betrachtung des Wechselspiels von Tag und Nacht unter „quantitativem" Aspekt, also unter Berücksichtigung der zu- bzw. abnehmenden Dauer von Tag und Nacht in Abhängigkeit der Jahreszeiten, ist dieses ein Prozess des Hinzufügens (mehr Werden) und des Wegnehmens (weniger Werden). Die Grenze, an der dieser Prozess scheinbar seine Richtung ändert, wird in der Astronomie Sonnenwende genannt. Zum Zeitpunkt der Sonnenwende ist der Tag am längsten und die Nacht am kürzesten (um den 21. Juni), bzw. der Tag am kürzesten und die Nacht am längsten (um den 21. Dez.).

Der Weg aus dem Chaos

Es wurde in dem vorangestellten Kapitel gezeigt, dass der Widerspruch Grundlage sinnlicher Erfahrung ist. Die entwickelten Seinsformen der Vielfalt müssen – um nicht in ein Chaos zu führen – geordnet werden. In diesem Kapitel werden die ordnenden Dimensionen des Denkens erläutert, die den grundlegenden Zweck haben, das Leben in der Welt der Widersprüche und der Vielfalt zu erleichtern.

Ordnung - die Organisation der Vielfalt

Rudolf Arnheim verweist in der Entwicklung neuer Denkmuster durch die Einbeziehung der Ästhetik direkt auf die Notwendigkeit von Ordnungen, die sich dadurch kennzeichnen, dass die Dinge eines wahrgenommenen Objekts in einer bestimmten Reihenfolge auftreten.

> „Natürlich wäre es unmöglich, eine große Vielfalt von Erscheinungen unter ein Dach zu bringen, ohne sie durch eine Ordnung zusammenzuhalten. Hierbei kommt uns aber zu Hilfe, daß in der Wahrnehmung, wie schon gesagt, die verschiedenen Erscheinungsweisen eines Dinges nicht eine verwirrend unordentliche Menge bilden, sondern in geregelter Abfolge auftreten." [47]

---

[47] Arnheim, *Anschauliches Denken,* 1996, S. 53

Somit ist eine ordnende Funktion schon während der Wahrnehmung und ganz allgemein im „produktiven Denken" enthalten, in der sich alle möglichen Abwandlungen des Begriffs organisieren. Ordnung ist ein natürlicher Zustand, der untrennbar mit unserer Existenz verbunden ist. Alles in unserem Universum unterliegt einer bestimmten Form von Ordnung und ist mehr oder weniger geordnet. An dieser Stelle wird der Ordnungsbegriff von Gerd Binnig übernommen, der Ordnung mit reproduzierbarem Verhalten gleichsetzt. Alles in unserem Universum ist zwischen Ordnung und Chaos angesiedelt. Binnig verallgemeinert diese Definition auf alles Existierende:

> „Wenn etwas existiert – so nimmt man an –, soll es zumindest zeitlich reproduzierbar sein."[48]

Demnach ist alles Existierende – zumindest zeitweise – geordnet, unterliegt einer Ordnung bzw. enthält eine Ordnung. Gelingt es, die Ordnung des Existierenden vollständig zu entschlüsseln, so ist das Existierende auch wieder reproduzierbar. Ist die Ordnung in einem Produkt menschlichen Denkens und Handelns entschlüsselt, ist auch die Ordnung des Denkens entschlüsselt. Ein Produkt menschlichen Denkens ist zum Beispiel eine sprachliche Äußerung, ein gemaltes Bild oder ein Text.

---

[48] Binnig, *Aus dem Nichts*, 1997, S.172.

Ausgleich zur bestehenden Unordnung

Ordnung ist ein natürliches Prinzip, welches als Ausgleich zur bestehenden Unordnung existiert. Die Ordnung kann auch als Maß des Nichtvorhandenseins der Unordnung, des Chaos, beschrieben werden. Unordnung entsteht durch den ebenfalls natürlichen Prozess der zufälligen Entwicklung, welcher durch das Wechselspiel der ästhetischen Kräfte repräsentiert wird. Der Ordnungsbegriff geht auf die Antike zurück, in der nach Platon der Demiurg, der Weltschöpfer, den Zustand der sichtbaren, vorgefundenen Unordnung in eine Ordnung überführt.

> „So kritisiert PLATON im ‹Timaios› ganz allgemein die Tätigkeit des Demiurgen: im Blick auf die Idee [7] führt er das in ordnungsloser Bewegung vorfindliche Sichtbare (...) aus der Unordnung zur O. (...)[8]...PLATONS Demiurg stellt die O. her, indem er die Arten des Sichtbaren, Feuer, Wasser, Luft und Erde, durch ein Band (...) vereinigt und in ein gegenseitiges Verhältnis (...) bringt."[49]

Die vorhandene Ordnung wird hier als Hinweis auf einen ordnenden Schöpfer dargestellt. Dieser Rückschluss erlaubt aber auch eine Analogie zum Menschen als ordnende „schöpferische" Kraft seiner eigenen Produkte.

---

[49] Joachim Ritter; Karlfried Gründer (Hgg.), *Historisches Wörterbuch der Philosophie*, Band 6, S. 1250.

Die Ordnung in den Produkten des Denkens ist auch hier der Spiegel der Ordnung des Denkens selbst. Das natürliche Verhältnis zwischen Unordnung und Ordnung ist allerdings nicht gleichmäßig. Die Wahrscheinlichkeit ist größer, in einem System eine Unordnung vorzufinden als eine Ordnung. Das natürliche Prinzip, welches dahinter verborgen ist:

1. Unordnung ist wahrscheinlicher als Ordnung.
2. Ordnung ist immer ein Mangel an Zufälligkeit.
3. Je wahrscheinlicher Etwas ist, desto weniger Ordnung enthält es.

Folglich ist das bewusste Vermeiden von Zufälligkeit immer ein bewusstes Ordnen. Diesen Vorgang nennt man auch Planung. Bei intentionalen Handlungen ist eine Ordnung der Handlungsschritte vorausgesetzt. Wie in den vorangegangenen Kapiteln gezeigt wurde, liegt in dem Ablauf von Algorithmen immer eine Ordnung vor.

Ordnung als Maß der Information

Das Maß der Information wird in der Kybernetik direkt auf das Maß der Ordnung zurückgeführt. Wenn Information auf Ordnung basiert und davon gehen wir aus, dann kann das Maß der Ordnung zu einem Maß der Information werden. Mit anderen Worten: Soll eine Nachricht oder eine Zeichenfolge (zum Beispiel ein Text) ein hohes Maß an Information enthalten, so muss dieses in seiner Ordnung berücksichtigt werden. Umgekehrt gilt dieses Verhältnis ebenfalls: Die Ordnung einer Nachricht ist der Zugang zu den enthaltenden Informationen.

Eine Kommunikationssituation, in der es darum geht, Informationen auszutauschen, ist nur dann erfolgreich wenn die Informationen geordnet vermittelt werden. Eine gute Artikulation während einer Rede oder innerhalb eines Textes ist der Spiegel einer detaillierten und stimmigen Ordnung.

Keine Ordnung ohne Unordnung

Der oben beschriebene, natürliche Prozess der Ordnung ist gleichzeitig ein Prozess der fortschreitenden Unordnung. Alle Systeme streben in ihrer Entwicklung in einen Zustand höherer Wahrscheinlichkeit. Je wahrscheinlicher ein Zustand oder auch eine Information ist, desto geringer ist allerdings auch deren Ordnung. Der Begriff der Entropie beschreibt den ständig fortschreitenden natürlichen Prozess der zunehmenden Unordnung. Demnach strebt jedes System von selbst in einen ungeordneten Zustand. Damit strebt das System gleichzeitig einen Zustand größerer Wahrscheinlichkeit an. Entropie, das ist die Bezeichnung für das Maß der fortschreitenden inneren Unordnung eines Systems. Im Zusammenhang bei der

Betrachtung der Entropie ist zu beachten: bestimmte Prozesse in der Natur sind irreversibel, d.h. sie laufen nur in einer Richtung ab. Zum Erfassen der Information eines Systems, einer Nachricht, einer Aussage oder von Gedanken reicht es allerdings nicht aus, festzustellen, dass die Ordnung in dem Maße abnimmt, wie die Wahrscheinlichkeit einer Information zunimmt. Vielmehr ist die bestehende Ordnung zu erkennen, eine Möglichkeit, um die gesuchten Informationen zu erhalten. Beim Erkennen der Ordnungen der Teile oder Elemente einer Komposition, einer Kreation oder eines Systems sind diese in ihrer Gesamtheit nachzuvollziehen.

Die innere Ordnung der Elemente eines Ganzen ist ein Beitrag zur Rekonstruktion des Systems. Die Ordnung bezieht sich immer auf das System, in dem sie besteht. Das System wird als das Ganze betrachtet, in dem Elemente bzw. Teile nach bestimmten Regeln miteinander wirken. Während eine Struktur sowohl die einzelnen Teile als auch deren Bindung zueinander beschreibt, somit einem Bauplan des Systems gleicht, gibt die Ordnung ausschließlich die formale Zusammensetzung bzw. Zusammenstellung der Teile bzw. der Elemente zueinander wieder. Jedes System hat eine innere Ordnung als einen Baustein seiner Struktur. Ordnung ist eine Voraussetzung zur Systembildung – das gilt für alle natürlichen Systeme.

Ordnung als Ausdrucksform

Ordnung ist ein Wesenszug einer vorgefundenen Wirklichkeit. Durch sie kann man zu einer möglichen Erkenntnis gelangen. Arnheim bestimmt die Ordnung einer Komposition als Möglichkeit eines Ausdrucks. Er beschreibt die Diskussion zwischen einem Maler und einem Musiker:

> „Der Maler sagte: 'Ich kann nie verstehen, wie ihr die Teile eines Musikstücks zusammenhalten könnt, da sie euch doch nie gleichzeitig gegeben werden!' Der Musiker versicherte ihm, das sei gar nicht so schwer; aber, so sagte er, 'was ich nicht verstehe, ist, wie ihr euch in einem Gemälde zurechtfindet, wo ihr anfangen und aufhören müsst, oder auch nur, wie es von einem bestimmten Punkt aus weitergeht!'"[50]

Die Schwierigkeiten im gegenseitigen Verständnis der Ausdrucksformen basieren auf den nicht erfassten Ordnungen. Das Musikstück enthält genau wie das Gemälde eine innere Ordnung, die erkannt werden muss, um die Informationen zu erhalten, die in diesen Ausdrucksformen stecken. Offensichtlich ist die Fähigkeit, sich klar und verständlich ausdrücken zu können, auch die Fähigkeit zu ordnen. In diesem Sin-

---

[50] Rudolf Arnheim, *Kunst und Sehen: Eine Psychologie des Schöpferischen* [Art and Visual Perception – A psychology of the creative eye, deutsch], übers. v. Hans Hermann, New York, Berlin: De Gruyter, ³2000, S. 375.

ne setzt das richtige Verstehen eines Sachverhaltes das möglichst umfassende Erkennen der Ordnungen voraus. Klarheit entsteht dann, wenn der Sachverhalt geordnet werden kann. Zur Ordnung eines Sachverhalts gehört seine innere Ordnung ebenso wie die äußere Ordnung seiner Umgebung. Ordnung vermittelt Sicherheit. Neben der Variation von Ausdrucksformen hat Ordnung somit eine weitere Funktion. Eine besondere Form der Ordnung, welche Sicherheit innerhalb eines Systems vermittelt, ist zum Beispiel die Hierarchie. Die Hierarchie gibt die Rangordnung innerhalb eines Systems wieder. Die Hierarchie wird innerhalb des Systems durch festgelegte Zeichen deutlich dargestellt. Jedes Systemelement kann erkennen, wo es sich innerhalb des Systems befindet, wer in der Rangfolge über ihm und unter ihm steht. Der Mensch strebt nach Sicherheit. Sie gehört mit zu seinen Grundbedürfnissen. Ordnung vermittelt Sicherheit. Somit strebt der Mensch auch nach Ordnung. Diese Ordnung kann vielfältig sein und in unterschiedlicher Kombination auftreten. Die Kriterien der Ordnung müssen bekannt sein, um ordnen zu können.

Wahrnehmen ist ordnen

Nach Platon kann der Ordnungsbegriff universal verwendet werden, da alle Phänomene der Ordnung auf die Unordnung, das Chaos zurückzuführen sind. Nur die Ursachen und auch die Art und Weise ihrer Herstellung können unterschieden werden.

„PLATONS Begründung für die Tätigkeit des Demiurgen, er habe die O. für gänzlich besser als die Unordnung gehalten [44], gilt für die gesamte griechische Philosophie. Insofern sie die Phänomene der O. auf dem Hintergrund der Unordnung, des Chaos, gedacht hat, konnte der Begriff der O. universal verwendet werden und war nicht kontrovers, wohl aber die Ursachen und die Art der Herstellung von O." [51]

An dieser Stelle werden acht natürliche Möglichkeiten der Ordnungen erläutert, die von Wolfgang Schmid in „basic instict" [1994] gezeigt wurden[52]. Die acht Möglichkeiten der Ordnung präsentieren sich in vier unterschiedlichen Duplizitäten. Mit dem Wahrnehmen beginnt zugleich immer ein Ordnen des Wahrgenommenen:

1. „Das Wahrgenommene wird identifiziert (zuordnen). Das Identifizierte wird interpretiert (einordnen).
2. Das Interpretierte wird hierarchisiert (über- und unterordnen).
3. Das Hierarchisierte wird aktualisiert (vor- und nach ordnen).

---

[51] Ritter; Gründer (Hgg.), Historisches Wörterbuch der Philosophie, Band 6, S. 1250.
[52] Schmid, W.F., *basic instinct: Anleitung zum schöpferischen Denken*, 1994.

4. Das Aktualisierte wird strukturiert und systematisiert (an- und beiordnen)."[53]

Durch Zuordnen werden einzelne Elemente zueinander in Beziehung gesetzt, durch Einordnen werden mehrere Elemente gruppiert. Mit jedem Zu- und Einordnen werden Elemente also auch ausgesondert. Durch die Duplizität des Über- und Unterordnens werden Hierarchien gebildet, räumliche Gliederungen also, ohne die es der Natur nicht möglich wäre, Strukturen und Systeme hervorzubringen. Die Duplizität des Vor- und Nachordnens bildet hingegen die Voraussetzung der zeitlichen Gliederung. Die logischen Kräfte des An- und Beiordnens wirken hingegen struktur- und systembildend. In dieser Beschreibung enthält jeder natürliche Prozess – ebenso das Denken – die Kriterien der Ordnungen.

Die Qualität der Ergebnisse von Denkprozessen ist abhängig von der korrekten Ordnung. Das richtige schlussfolgernde Ordnen erleichtert es einem Lebewesen, sich in einer neuen, für ihn unbekannten Situation zurechtzufinden. Diese Fähigkeit wird im Allgemeinen als Intelligenz beschrieben. Das korrekte Erkennen der Ordnungen ist intelligentes Wahrnehmen. Das schlüssige Ordnen von Handlungsschritten ist intelligentes Handeln. Während die Kategorien das Wahrgenommene sowie das Gedachte auf Vollstän-

---

[53] Schmid, *basic instinct*, 1994, S. 73.

digkeit überprüfen und die ästhetischen Kräfte die natürliche Vielfalt ermöglichen, gibt es die ordnenden Dimensionen, um die Wahrnehmungen, somit die Gedanken und letztlich auch die Äußerungen in verbaler oder schriftlicher Art in eine begründete Reihenfolge zu bringen. Zurückgreifend auf das angeführte Beispiel über Verständnisschwierigkeiten zwischen Musiker und Maler wird an dieser Stelle eine Lösung des Problems angeboten: Der Musiker versteht nicht, wie der Maler es vollbringt, sich in seinem Gemälde zurechtzufinden. Jede Wahrnehmung, jeder Gedanke, jede Erscheinung und jede Handlung hat seine Ordnung. Ordnung ist Bestandteil einer Struktur. Die Handlung des Musikers hat eine eigene Ordnung durch die Komposition der einzelnen Noten. Das Gemälde des Malers hat seine eigene Ordnung durch die Komposition der Formen und Farben. Im Folgenden werden die acht Ordnungskriterien voneinander abgegrenzt, da – wie oben dargestellt – ein korrekter und trennscharfer Umgang mit den Ordnungen eine Voraussetzung für ein korrektes und trennscharfes Wahrnehmen ist. Gleichsam fördert der bewusste und korrekte Umgang mit den Ordnungskriterien ein trennscharfes Denken. Ordnung ist nicht nur eine Eigenschaft eines Zustandes, sondern eine allgemeine Bedingung für eine Erkenntnis, da nur eine geordnete Wirklichkeit denkbar ist. Jede Erkenntnis ist ohne Ordnung nicht möglich, da Erkenntnis auf einer geordneten Methode basiert und den Zweck hat, Ordnung in den Gegenstand der Erkenntnis zu bringen.

Achtfaches Ordnen

Zuordnen

> „Durch Zuordnen werden Erscheinungen aufeinander bezogen. Die Leitfrage lautet: 'Welche Erscheinungen werden aufeinander bezogen?'"[54]

Das Kriterium für eine Zuordnung ist Gleichheit oder Ähnlichkeit. Sind Objekte oder Erscheinungen gleich oder ähnlich, werden sie einander zugeordnet. Element E_a wird Element E_b zugeordnet; Objekt A wird Objekt B zugeordnet;...

Bsp.: Elemente einer Menge sollen einander zugeordnet werden. Das Kriterium der Zuordnung wird zuvor durch Ähnlichkeit der Objekte festgelegt.

Beispiel:

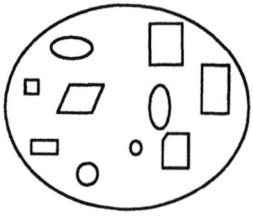

Die Zuordnung erfolgt aufgrund der Ähnlichkeit der Objekte. Durch die Zuordnung entstehen Teilmengen:

   1. Teilmengen aller Objekte mit runder Form:

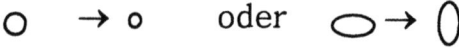

---

[54] Schmid, *basic instinct*, 1994, S. 436.

2. Teilmengen aller Objekte mit eckiger Form:

$$\square \rightarrow \square \quad \text{oder} \quad \square \rightarrow \square$$

Einordnen

„Durch Einordnen werden Erscheinungen gruppiert. Aufgrund von Gleichheit oder Ähnlichkeit werden entsprechende als mengen- oder gruppenspezifisch hervorgehoben und behandelt. Die Leitfrage lautet: Welche Erscheinungen werden welchen Gruppen eingeordnet?"[55]

Das Einordnen kann dann erfolgen, wenn ein gemeinsames Kriterium einer Gruppierung gefunden wird. Im Gegensatz zur Zuordnung können somit Gruppen oder Mengen gebildet werden.

Element E1 wird der Gruppe A zugeordnet

Beispiel: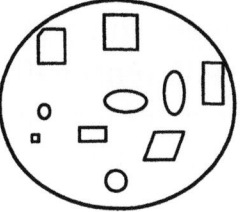

Es werden die gruppenspezifischen Eigenschaften einer Zuordnung bestimmt:

---

[55] Schmid, *basic instint,* 1994, S. 163.

- vier Seiten,
- alle vier Seiten haben die gleiche Länge,
- vier rechte Winkel und
- gegenüberliegende Seiten sind parallel

Daraus folgt die Einordnung:

◻ ▢ ∈ Vier Seiten, alle Seiten haben die gleiche Länge, vier rechte Winkel, gegenüberliegende Seiten sind parallel

Überordnen

„Durch Überordnen werden Erscheinungen oder Beziehungen zwischen ihnen zu einer Erscheinung oder zu einer Beziehung zusammengefasst. ... Die Leitfrage lautet: 'Welche Eigenschaften sind allen Erscheinungen oder Beziehungen zwischen ihnen gemeinsam?'"[56]

Überordnen heißt Verallgemeinerung der Eigenschaften. Die individuellen Eigenschaften einer Erscheinung werden nicht mehr berücksichtigt, sondern es werden eine oder mehr Eigenschaften gesucht, die allen Erscheinungen gemeinsam sind. Die allgemeine Eigenschaft gilt auch für den besonderen Einzelfall. Aufgrund dieser gemeinsamen Eigenschaften lassen sich die Erscheinungen zu Klassen von Erscheinungen zusammenfassen.

---

[56] Schmid, *basic instinct*, 1994, S.164.

E1 und E2 besitzen mehrere gleiche Eigenschaft X. Diese Eigenschaft X sind den Elementen E_1 und E_2 übergeordnet.

Beispiel:
Vierecke mit den oben angegebenen Eigenschaften der Einordnung heißen Quadrat. Es lassen sich beliebig viele Vierecke mit den festgelegten Eigenschaften der Einordnung konstruieren. Durch Überordnen wird z.B. die Berechnung der Fläche so bestimmt, dass diese sich auf jedes beliebige Quadrat anwenden lässt: Die Fläche eines Quadrats ist gleich dem Quadrat der Länge einer beliebigen Seite des Quadrats.

Formel: $\boxed{A_\square = a^2}$

Unterordnen

„Durch Unterordnen werden Erscheinungen oder Beziehungen zwischen ihnen differenziert. Die Leitfrage lautet: 'Welche Erscheinungen sind anzugeben, damit die durch Überordnen gewonnene Definition umgesetzt werden kann?'"[57]

---

[57] Schmid, basic instinct, 1994, S. 420.

Erscheinungen einer Unterordnung werden nur in Verbindung mit einer Überordnung differenziert. Die Unterordnungen beschreiben Differenzierungen von Erscheinungen, mit denen die Überordnung Gültigkeit behält. Untretordnungen entstehen durch Differenzierungen.

E_x ist somit die Teilmenge von Ey und enthält die Elemente der Unterordnung.

Beispiel:
Um die Fläche eines Quadrats berechnen zu können, muss eine Seitenlänge a oder die Diagonale c bekannt sein.

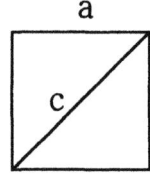

Aus der Diagonalen c lässt sich über den Satz des Pythagoras ($a^2 + b^2 = c^2$) die Fläche des Quadrats wie folgt errechnen:

Für ein rechtwinkeliges, gleichschenkeliges Dreieck gilt: $2a^2 = c^2$

Daraus folgt: $a^2 = \tfrac{1}{2} c^2 = A_\square$

Der Flächenberechnung eines Quadrats ist die Seitenlänge a und die Diagonale c untergeordnet. Die Unterordnung ermöglicht die Berechnung und die Konstruktion eines Quadrats per Definition.

Vorordnen

„Durch Vorordnungen werden die Voraussetzungen von Überordnungen erschlossen. Die Leitfrage lautet:
'Welche Eigenschaften bilden die Voraussetzungen der gewonnenen Definition?'"[58]

Die Vorordnung ist die Menge aller Voraussetzungen für die Überordnung. Die Vorordnungen beschreiben die Bedingungen für das Überordnen. Vorordnungen ermöglichen Rückschlüsse.

Das Ereignis E_1 ist dem Ereignis E_2 vorgeordnet.

Beispiel:
Die Definition eines Quadrats ist der Berechnung der Quadratfläche vorgeordnet. Erst aus der Bestimmung des Quadrats ergibt sich dessen Flächenberechnung.

Definition: Ein Quadrat ist eine geometrische Figur aus vier gleich langen Seiten. Die gegenüberliegenden Seiten sind parallel zueinander. Die benachbarten Seiten sind senkrecht zueinander.

Nachordnen

„Durch Nachordnen werden die Folgen von Überordnungen aufgezeigt. Die leitenden Fragestellung lautet:

---

[58] Schmid, basic instinct, 1994, S. 426.

"Welche Eigenschaften sind die folge der durch Überordnung gewonnenen Definitionen?"[59]

Das Nachordnen wird durch die Folgen einer Definition oder eines Ereignisses bestimmt. Dadurch wird es möglich, ein folgendes Ereignis nach dem definierten Ereignis zu prognostizieren. Der Vorgang des Nachordnens ermöglicht Prognosen. Nachordnung ist Voraussicht auf ein folgendes Ereignis.
Ereignis E_2 ist dem Ereignis E_1 nachgeordnet.

Beispiel:
Die Anwendung zur Flächenberechnung eines Quadrats ermöglicht die Berechnung beliebiger Figuren, wenn diese in Quadrate unterteilt werden.

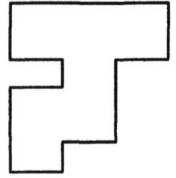   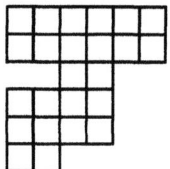

A = ? $A = 24A_{\square} = 24a^2$

---

[59] Schmid, *basic instinct*, 1994, S. 319.

Anordnen

„Durch Anordnungen werden Ordnungen abgeschlossen und als Verhaltensmuster (unbewusst) oder als Handlungsmuster (bewusst) festgelegt. Die leitende Fragestellung lautet: 'Welche Eigenschaften sind in welcher Abfolge zu berücksichtigen?'"[60]

Die Anordnung der Elemente eines Systems lässt sich in einem Struktogramm oder Flussdiagramm graphisch darstellen. Die Darstellung der Anordnung der Teile eines Systems ist das Strukturieren.

E1, E2, En sind einander angeordnet.

Beispiel:
Die Definition eines Quadrats *(Ein Quadrat ist eine geometrische Figur aus vier gleich langen Seiten. Die gegenüberliegenden Seiten sind parallel zueinander. Die benachbarten Seiten sind senkrecht zueinander.)* enthält sowohl die Konstruktions- und Berechnungsvorschriften als auch die Beschreibungen des Quadrats. Vorschrift und Beschreibung sind in der Definition einander angeordnet.

---

[60] Schmid, *basic instinct*, 1994, S. 35.

Beiordnen

„Durch Beiordnen werden benachbarte Elemente oder Gruppen, verwandte Strukturen oder Systeme berücksichtigt. Die leitende Fragestellung lautet: `Welche Eigenschaften anderer Elemente oder Gruppen sind zu berücksichtigen?´"[61]

Die Beiordnung zeigt die Schnittmenge der Strukturen zweier benachbarter Systeme. Das Beiordnen ist das Beachten oder Berücksichtigen der Umgebung eines Ereignisses oder eines Systems. Durch Beiordnungen werden benachbarte Systeme beeinflusst, und umgekehrt beeinflussen benachbarte Systeme durch den Vorgang des Beiordnens das eigene System.

Beispiel:
Dem Quadrat können alle Figuren beigeordnet werden, welche das Quadrat in beliebiger Anzahl enthalten oder durch die Berechnungsformel des Quadrats bestimmt werden können.

---

[61] Schmid, *basic instinct*, 1994, S. 71.

Literatur

Abel, Susanne Maria. 1999. *Die Frage nach Gott oder Über den Ursprung alles Natürlichen* [Ms., unveröffentlicht]. Protokoll eines Kolloquiums mit Klaus-Ove Kahrmann und W. F. Schmid. 14./15. Jan. 1999.

[Aristoteles]. ²1986. *Aristoteles. Kategorien.* Hrsg. v. Hellmut Flashar. *Aristoteles' Werke in deutscher Übersetzung.* 19 Bde. Bd. 1. Übers. und erläutert v. Klaus Oehler. Berlin: Akademie-Verlag.

Arnheim, Rudolf. ⁷1996 [¹1972]. *Anschauliches Denken. Zur Einheit von Bild und Begriff.* Aus d. Englischen übers. v. Verfasser. Köln: DuMont.

—— ; ³2000. *Kunst und Sehen. Eine Psychologie des schöpferischen Auges* [*Art and Visual Perception – A psychology of the creative eye*, deutsch]. Übers. v. Hans Hermann. New York, Berlin: De Gruyter.

Banyard, Philip u.a. *Einführung in die Kognitionspsychologie* [*Cognitive processes,* deutsch]. Hrsg. von Joachim Gerstenmaier [Aus dem Englischen übersetzt von Petra Holler]. München: E. Reinhardt, UTB für Wissenschaft: Große Reihe.

Barrow, John D. 1992. *Theorien für Alles. Die philosophischen Ansätze der modernen Physik* [*Theorie of Everything. The Quest for Ultimate Explanation*. 1990. deutsch]. Übers. v. Anita Ehlers. Heidelberg [usw.]: Spektrum Akademischer Verlag.

Baumgartner, Hans Michael. 1973. „Kategorie". In: Krings, Hermann; Hans Michael Baumgartner und Christoph Wild (Hgg.). *Handbuch philosophischer Grundbegriffe*. Bd. 3. München: Kösel, 761–778.

Binnig, Gerd. ²1997 [¹1992]. *Aus dem Nichts. Über Kreativität von Mensch und Natur*. München: Piper.

Breidbach, Olaf. 1993. *Expedition ins Innere des Kopfes. Von Nervenzellen, Geist und Seele*. Stuttgart: TRIAS Thieme.

Calvin, William; Ojemann, George. 1995 [1994]. *Einsicht ins Gehirn. Wie Denken und Sprache entsteht* [*Conversation with Neil's Brain,* deutsch]. München: Carl Hanser Verlag.

Eagleton, Terry. 1994 [1990]. *Ästhetik. Die Geschichte ihrer Ideologie* [*The ideology of the Aesthetic*, deutsch]. Aus dem Englischen übers. von Klaus Laermann. Stuttgart: Metzlersche Verlagsbuchhandlung.

Fernández, Guillén; Weber, Bernd. „Fische fangen im Erinnerungsnetz". *Gehirn und Geist* 2/2003, 68–73.

Flashar, Hellmut (Hg.). 1986. *Aristoteles' Werke in deutscher Übersetzung.* 19 Bde. Bd. 1. Berlin: Akademie-Verlag.

Flechtner, Hans-Joachim. ^{5}1972 [^{1}1970]. *Grundbegriffe der Kybernetik. Eine Einführung.* Stuttgart: Hirzel Verlag.

Foerster von, Heinz. ^{4}1997 [^{1}1973]. *Wissen und Gewissen. Versuch einer Brücke.* Schmid, Siegfried (Hg.). Frankfurt am Main: Suhrkamp.

Frank, Helmar. ^{2}1969 [^{1}1962]. *Kybernetische Grundlagen der Pädagogik.* [völlig neubearbeitete und wesentlich erweiterte Aufl. von ^{1}1962] 2 Bde. Stuttgart [usw]: Kohlhammer.

Fritsche, Klaus. ^{2}1999 [^{1}1995]. *Mathematik für Einsteiger. Vor- und Brückenkurs zum Studienbeginn.* Heidelberg: Spektrum. [korrigierter Nachdruck von ^{1}1995]

Gazzaniga, Michael. 2001. „*Rechtes und linkes Gehirn. Split-Brain und Bewusstsein*". *Spektrum der Wissenschaft. Digest. Rätsel Gehirn.* 2/2001. 28–33.

Gierer, Alfred. 1998. *Die gedachte Natur. Ursprünge der modernen Wissenschaft.* Reinbek: Rowohlt.

Hartland, Judith. 1995. *Sprache und Denken.* In: Banyard, Philip u.a. *Einführung in die Kognitionspsychologie* [*Cognitive processes*, deutsch]. Hrsg. von Joachim Gerstenmaier [Aus dem Englischen übersetzt von Petra Holler]. München: E. Reinhardt, UTB für Wissenschaft: Große Reihe.

Hayes, Nicky. 1995. *Kognitive Prozesse – eine Einführung.* In: Banyard, Philip u.a. *Einführung in die Kognitionspsychologie* [*Cognitive processes*, deutsch]. Hrsg. von Joachim Gerstenmaier [Aus dem Englischen übersetzt von Petra Holler]. München: E. Reinhardt, UTB für Wissenschaft: Große Reihe.

Husserl, Edmund. 1993. *Arbeit an den Phänomenen. Ausgewählte Schriften.* Hrsg. v. Bernhard Waldenfels. Frankfurt a.M.: Fischer 1993.

Hüther, Gerald. 2001. *Bedienungsanleitung für ein menschliches Gehirn.* Göttingen: Vandenhoeck & Ruprecht.

Jost, Jürgen. 1996. „*Mathematische Ansätze in der Kognitionsforschung*". In: Rusch, Gebhard; Siegfried Schmidt; Olaf Breidbach. *Interne Repräsen-*

tation. Neue Konzepte der Hirnforschung. Frankfurt am Main: Suhrkamp.

[Kant, Imanuel]. Wilhelm Weischedel (Hg.).1957. *Imanuel Kant. Werke in sechs Bänden.* 6 Bde. Darmstadt: Wissenschaftliche Buchgesellschaft.

Kapp, E. 1965. *Der Ursprung der Logik bei den Griechen.* Göttingen: [Angaben nach Baumgartner, Hans Michael. 1973. „Kategorie". In: Krings, Hermann; Hans Michael Baumgartner und Christoph Wild (Hgg.). *Handbuch philosophischer Grundbegriffe.* 7 Bde. Bd. 3. München: Kösel, 777].

Klaus, Georg. ²1968. *Wörterbuch der Kybernetik.* Berlin: Dietz.

Kolb, Bryan; Ian Whishaw. ²1993 [¹1990]. *Neuropsychologie* [*Fundamentals of Human Neuropsychology*, deutsch. ¹1990]. Übers. u. Vorwort v. Monika Pritzel. Heidelberg [usw]: Spektrum Akad. Verlag.

Krings, Hermann; Hans-Michael Baumgartner; Christoph Wild (Hgg.). 1973-1974. *Handbuch philosophischer Grundbegriffe.* 7 Bde. München: Kösel.

Kuhn, Helmut. 1973. „Ordnung". In: Krings, Hermann; Hans Michael Baumgartner und Christoph Wild

(Hgg.). *Handbuch philosophischer Grundbegriffe.* 7 Bde. Bd. 4. München: Kösel, 1037–1050.

Laux, Guenther (Hg.). 1980. *Lexikon der Kybernetik.* 4 Bde. Berlin: Akademie Verlag.

Lembeck, Karl-Heinz. 1994. *Einführung in die phänomenologische Philosophie.* Darmstadt: Wissenschaftliche Buchgesellschaft.

Linke, Detlef. 1993. Hirnverpflanzung. *Die erste Unsterblichkeit auf Erden.* Reinbek: Rowohlt.

——; ^{2}2000. *Das Gehirn.* München: Beck.

Matthäus, Wolfhart F. 1999. *Denken dialektisch gedacht.* Innsbruck; Wien: Studien-Verlag.

Menzel, Klaus. 1997. *Algorithmen. Vom Problem zum Programm.* Stuttgart; Leipzig: Teubner.

Posner, M., M. Raichle. 1996. *Bilder des Geistes. Hirnforscher auf den Spuren des Denkens.* Heidelberg: Spektrum.

Ritter, Joachim (Hg.). 1971. *Historisches Wörterbuch der Philosophie.* 9 Bde., Bd. 1: A-C. Darmstadt: Wissenschaftliche Buchgesellschaft. [Völlig neubearbeitete Ausgabe von Rudolf Eisler, *Wörterbuch der Philosophischen Begriffe*]

Ritter, Joachim; Karlfried Gründer (Hgg.). 1974. *Historisches Wörterbuch zur Philosophie*. 9 Bde. Bd. 4. Darmstadt: Wissenschaftliche Buchgesellschaft. [Völlig neubearbeitete Ausgabe von Rudolf Eisler, *Wörterbuch der Philosophischen Begriffe*]

Ritter, Joachim; Karlfried Gründer (Hgg.). 1984. *Historisches Wörterbuch der Philosophie*. 9 Bde. Bd. 6: Mo-O. Darmstadt: Wissenschaftliche Buchgesellschaft. [Völlig neubearbeitete Ausgabe von Rudolf Eisler, *Wörterbuch der Philosophischen Begriffe*]

Rohloff, Michael. 2001. *Programmieren*. München: Markt und Technik.

Rusch, Gebhard; Siegfried Schmidt; Olaf Breidbach (Hgg.). 1996. *Interne Repräsentation. Neue Konzepte der Hirnforschung*. Frankfurt a.M.: Suhrkamp.

Schmid, Wolfgang. 1994. *basic instinct. Anleitung zum schöpferischen Denken*. Weinheim: Beltz Athenäum Verlag.

——; 2001. *Spielregeln des Erfolgs. Dreiplusneun – wie das Gehirn auf Touren kommt*. Flensburg:sh: edition.

Thomsen, R. ²1994. *Das Gehirn. Von der Nervenzelle Zur Verhaltenssteuerung.* Heidelberg: Spektrum Akad. Verlag.

Vollrath, Ernst. 1969. *Studien zur Kategorienlehre des Aristoteles.* Rantingen: Henn.

Waldenfels, Bernhard. „*Wahrnehmung*". In: Krings, Hermann; Hans Michael Baumgartner und Christoph Wild (Hgg.). *Handbuch philosophischer Grundbegriffe.* 7 Bde. Bd. 6. München: Kösel.

Zimmer, Katharina. 1999. *Gefühle – unser erster Verstand.* München, Zürich: Diana.